Durchblick

Bayern
Hauptschule

Geschichte/Sozialkunde/Erdkunde

6. Jahrgangsstufe

Moderator:
Jürgen Nebel

Autoren:
Hanne Auer
Bernhard Detsch
Werner Grabl
Angelika Hauck
Rainer Lacler
Jürgen Nebel
Christoph Weigert

Förderzentrum für Körperbehinderte
Wichernhaus Altdorf
Silbergasse 2
90518 Altdorf
Tel. 09187 60151
Fax 09187 60160
fzk-altdorf@rummelsberger.net

MENSCHEN AN IHRER SEITE
RA
Die Rummelsberger

westermann

Auf verschiedenen Seiten dieses Buches befinden sich Verweise (Links) auf Seiten anderer Internetpräsenzen.

Haftungshinweis: Trotz sorgfältiger inhaltlicher Kontrolle wird die Haftung für die Inhalte der externen Seiten ausgeschlossen. Für den Inhalt dieser externen Seiten sind ausschließlich deren Betreiber verantwortlich. Sollten Sie bei dem angegebenen Inhalt des Anbieters dieser Seite auf kostenpflichtige, illegale oder anstößige Inhalte treffen, so bedauern wir dies ausdrücklich und bitten Sie uns umgehend per E-mail unter *www.westermann.de* davon in Kenntnis zu setzen, damit beim Nachdruck der Verweis gelöscht wird.

© 2005 Bildungshaus Schulbuchverlage
Westermann Schroedel Diesterweg Schöningh Winklers GmbH, Braunschweig
www.westermann.de

Druck A ^{2} / Jahr 2007

Alle Drucke der Serie A sind im Unterricht parallel verwendbar.

Verlagslektorat: Andreas Schultze
Lay-out und Umschlaggestaltung: Thomas Schröder
Herstellung: Sven Nowak

Druck und Bindung: westermann druck GmbH, Braunschweig

ISBN 978-3-14-11 4142-9

Inhalt

Die Kapitel im Buch enthalten weitere Zeichen:

Info   Hier werden wichtige Informationen gegeben.

   Fächer verbindende Themen

M1

Interessengegensätze

Übung 1

Dein eigener Standpunkt

Manchmal „ja" – manchmal „nein"
Jeder hat seine eigenen Standpunkte. Sie zu vertreten fällt nicht immer leicht.
Ihr geht am besten in einen Raum ohne Tische und Stühle. Eine Ecke des Raumes ist die „ja-Ecke", eine andere die „nein-Ecke". Nach jeder Frage gehen die Schüler, die mit „ja" oder „nein" antworten würden, ganz schnell in die jeweilige Ecke.

Mögliche Fragen:

- Fällt es dir schwer zu verlieren?
- Meinst du, Jungen sind gewalttätiger als Mädchen?
- Würdest du dich notfalls mit einer Waffe verteidigen?
- Ist der, der zugibt, dass er Angst hat, ein Feigling?
- Meinst du, dass Gewalt Spaß machen kann?
- Ist es klüger wegzulaufen als zurück zu schlagen?
- Hast du einen deutschen Freund/eine deutsche Freundin?
- Hast du einen ausländischen Freund/eine ausländische Freundin?

Aufgaben

Findet weitere Fragen, die mit „ja" oder „nein" zu beantworten sind.
Besprechung nach der Übung im Sitzkreis
a) Haben dich Gemeinsamkeiten oder Unterschiede mit Klassenkameraden überrascht?
b) Was hast du empfunden, wenn du zur Mehrheit/zur Minderheit gehört hast?
c) Ist es dir leicht gefallen immer deinen Standpunkt zu vertreten oder hast du dich manchmal einfach der Mehrheit angeschlossen?

M1 *Vorschläge für unseren Klassenausflug*

Eine Klasse – viele Interessen

Zu Beginn des neuen Schuljahres sammelt Herr Strobl in seiner 6. Klasse Vorschläge für einen geplanten Klassenausflug. Die Wünsche gehen weit auseinander. Es gibt mehrere Möglichkeiten, wie die 6b mit den verschiedenen Vorschlägen zum Thema Klassenausflug umgehen kann. Auch hier gehen die Meinungen weit auseinander:

- Sollen wir das tun, was die Mehrheit möchte?
- Sollen wir den Lehrer die Entscheidung treffen lassen?
- Sollen wir das tun, was die wollen, die am lautesten schreien?

Da der Ausflug erst in ein paar Wochen stattfindet, muss die Entscheidung noch nicht gleich getroffen werden. Herr Strobl schlägt vor, dass sich die Schüler, die den gleichen Vorschlag gemacht haben, in Arbeitsgruppen zusammenfinden und später auf einem Plakat vorstellen, welche Vorzüge sie gerade in ihrem eigenen Vorschlag sehen.

Tipp: Zur Vorbereitung dient Übung 1: „Dein eigener Standpunkt" auf dieser Seite.

M2

M3 *FC Bayern München gegen TSV 1860 München*

M4 *Bayerische Fußballvereine aus der 1. und 2. Bundesliga*

Ein Fußballspiel ohne Konflikte

M5

Die Fans im Stadion sitzen durcheinander gemischt. Immer ein Bayern-Fan neben einem 60er-Fan. Der Schiedsrichter trinkt am Spielfeldrand eine Tasse Kaffee. Die Bayern halten den Ball in den eigenen Reihen. Als ein Spieler stolpert und hinfällt, erkundigen sich Spieler und Trainer beider Teams nach seinem Zustand und bieten ihre Hilfe an. Auf den Zuruf eines Spielers der 60er „Wir wollen auch wieder!" geben die Bayern den Ball an die gegnerische Mannschaft ab. Nun kicken die hin und her. Aus Versehen rollt der Ball ins Tor. Keiner jubelt. Niemand freut sich. Erst als die Kapitäne beider Mannschaften gemeinsam den Ball zum anderen Tor spielen und am untätigen Torwart vorbei den Ausgleich erzielen, ist die Welt wieder in Ordnung. Am Ende sind Spieler wie Fans über den Ausgang des Spiels zufrieden. Jede Mannschaft nimmt einen Punkt mit nach Hause.

M6

Aufgaben

1 Würdest du so ein Spiel im Stadion/im Fernsehen anschauen? Begründe.

2 Beschreibe, was für dich den Reiz eines Fußballspiels ausmacht.

3 Welche Gefühle hat ein Fußballfan
a) beim Sieg
b) bei der Niederlage seiner Mannschaft?
Drücke dieses Gefühl mit deinem Gesichtsausdruck aus.

4 Welche sportlichen Ziele verfolgt dein Lieblingsverein in dieser Saison?

Erscheinungsformen von Konflikten

Der österreichische Friedensforscher Friedrich Glasl hat festgestellt, dass Konflikte in 9 typischen Stufen immer härter werden. Wenn wir diese 9 Stufen kennen, können wir Konflikte besser verstehen und Auswege finden.

Die neun Stufen eines Konflikts

1. Verhärtung
Verschiedene Standpunkte prallen aufeinander. Die Gegner sind noch davon überzeugt, dass die Spannungen durch Gespräche lösbar sind. Noch haben sich keine starren Parteien oder Lager gebildet.

6. Drohungen ...
... und Gegendrohungen werden ausgesprochen. Durch das Setzen einer letzten Frist (Ultimatum) wird der Konflikt beschleunigt.

Aufgaben

1 Betrachte die Bilder auf dieser Seite. Zu welcher der neun Stufen passen die Begriffe Meinungsverschiedenheiten, Rivalitäten, Streit und Gewalt am besten?

2 Bis zu welcher der neun Stufen steigern sich Konflikte in der Schule? Berichte.

3 Schneidet Zeitungsartikel aus oder nehmt die Abendnachrichten in ARD oder ZDF auf Video oder DVD auf. Betrachtet sie mehrmals. Legt eine Tabelle an.
a) Von welchen Konflikten wird berichtet?
b) Auf welcher der Stufen sind diese Konflikte angelangt?

7. Begrenzte Vernichtungsschläge
Der Gegner wird nur noch als Feind gesehen. Ein kleinerer eigener Schaden wird bereits als Gewinn bewertet.

2. Auseinandersetzung

Im Denken, Fühlen und Wollen entstehen gegensätzliche Pole. Beide Lager sehen sich selbst als „gut" und überlegen, den Gegner als „böse" und unterlegen an.

3. Stillstand

Das Gespräch wird abgebrochen. Keiner will mehr auf den anderen hören. Die Gegner fühlen sich unverstanden.

5. Gesichtsverlust

Öffentliche und direkte Angriffe sollen den Gegner bloßstellen und blamieren.

4. Bündnisse

Die Streitenden machen sich gegenseitig schlecht und bekämpfen sich. Jeder wirbt um Anhänger und Mitstreiter für seine Sache.

8. Zerstörung des Gegners

Wut und Zorn bestimmen das Handeln.

9. Gemeinsam in den Abgrund

Die Vernichtung des Gegners und die eigene Vernichtung wird in Kauf genommen.

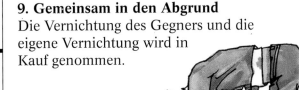

Konfliktbewältigung

Info

Toleranz

allgemein: das Geltenlassen anderer Anschauungen, Normen, Werte und Handlungen, besonders in religiösen, politischen, ethisch-sozialen und philosophischen Fragen.

Kompromiss

Übereinkunft durch gegenseitige Zugeständnisse. Keiner setzt seine Vorstellung vollständig durch. Jeder ist bereit von seinen Forderungen Abstriche zu machen.

M1 *Bausteine für Toleranz*

Knöpf dir die Jacke fester zu

„Ich richte den Blick stur auf den Boden. Die Arme habe ich verschränkt, dabei halte ich meine Strickjacke zu. Ich haste am Ufer entlang; denn ich will den Blicken der Leute nicht lange ausgesetzt sein. Hier, auf der Straße, gehe ich selten. Am liebsten bleibe ich in unserem Viertel, da kennen mich die Leute. Kaum einer ruft mir etwas in der Sprache zu, die ich so schlecht verstehe; die meisten wählen einen Ton, der keine Missverständnisse aufkommen lässt.

Aber heute muss ich am Strand entlang gehen, weil meine Freundin bald Geburtstag hat. Hier in der Nähe liegt nämlich eine Bäckerei, deren Besitzer aus meinem Heimatland kommt, hier gibt es das Brot und den Kuchen, die wir zu Hause immer gegessen haben. So einen Kuchen soll sie haben.

Immer noch gehe ich die Uferstraße entlang. Gleich kommt der Strand, an dem immer so viele junge Männer Volleyball spielen. Ich beschleunige meinen Schritt, ziehe meine Jacke noch enger zu und schaue weiterhin stur nach unten. Aber der Aufwand ist umsonst. Ich falle immer auf, sehe einfach zu anders aus, meine Haare, meine Kleidung. Die Jungen hören auf zu spielen. Sie pfeifen, rufen. Ein paar kleinere kommen

Aufgaben

1 Befragt ausländische Mitschüler und Mitschülerinnen in der Klasse, welche Erfahrungen sie in Deutschland gemacht haben.

2 Welche Bausteine der Toleranz sind in diesem Beispiel besonders wichtig?

3 Beschreibe die vier verschiedenen Möglichkeiten, wie der rechte Junge reagieren kann. Welche erscheint dir am sinnvollsten? Begründe.

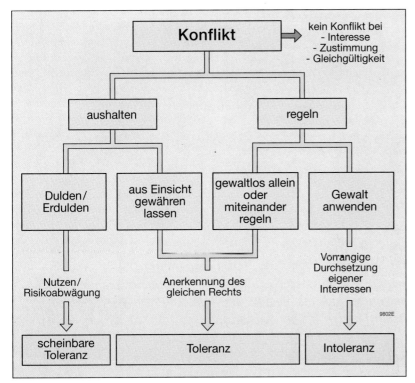

M2 *Konflikte aushalten oder regeln?*

bis zum Bürgersteig und glotzen mich an. Ich erinnere mich nicht, etwas falsch gemacht zu haben. Trotzdem fühle ich mich schuldig."

Versetze dich in die Situation der Erzählerin. Um wen könnte es sich handeln? Wo kann sich diese Begebenheit ereignen?

„Die Kinder des Hausmeisters spielen, die Kleine kommt mir entgegen, geht an meiner Hand zurück. Ich mag diese Kinder und deshalb mögen mich die Leute auf der Straße. Ich greife durch die Verzierung am Tor, schiebe den Riegel nach rechts und bin zu Hause. Unser Gärtner spritzt die Blumen mit Wasser ab, damit sie nicht so staubig sind. Dadda öffnet mir die Tür: „Achlen whasachlen ya Mika" (Herzlich willkommen!) und nimmt mir das Brot ab. Ich gehe auf den Balkon, wo ich Zeit zum Nachdenken finde.

Und wie so oft denke ich, dass ich mir mehr Mühe geben muss, dieses Land, Ägypten, diese Stadt, Alexandria, zu verstehen, und dass ich noch so vieles falsch mache."

(Meike Bromm, FAZ vom 18.4.1995)

M3 *Jeweils die gleiche Situation und vier verschiedene Reaktionen*

11

Info

M1 *Szene aus dem Film: Der Schwarzfahrer
Schwarz/weiß ist der Kurzspielfilm, genauso wie die Haupt-
personen und das Thema. 1993 gewann dieser Film den
Oscar für den besten Kurzfilm.*

Schwarzfahrer

Ein junger Mann mit schwarzer Hautfarbe unterhält sich mit
seinem weißen Freund an einer Straßenbahnhaltestelle. Als
die Straßenbahn kommt, verabschieden sie sich. Der junge
Schwarze steigt ein und fragt eine ältere weiße Frau, ob der
leere Sitz neben ihr frei sei. Sie mustert ihn von oben bis
unten und schweigt. Er setzt sich neben sie, sieht aus dem
Fenster, isst Nüsse, während die Frau in eine wüste Schimpfe-
rei mit Vorurteilen gegenüber Asylbewerbern ausbricht. Die
anderen Passagiere im Straßenbahnwagen bleiben davon
scheinbar unberührt und schauen wie unbeteiligt vor sich
hin. Eine Ausnahme bildet ein junger Türke, der (auf Türkisch)
Widerworte gibt, aber schnell von einem Landsmann beruhigt
und zum Schweigen gebracht wird.

An der nächsten Haltestelle betritt ein Kontrolleur den Wagen
und überprüft die Fahrscheine. Die Frau kramt ihren Fahrschein hervor, während sie weiter halblaut vor sich hin-
schimpft. Plötzlich langt der Schwarze kurz hinüber, greift
sich ihren Fahrschein und isst ihn auf. Als der Kontrolleur sie
nach ihrem Fahrschein fragt, stammelt sie entgeistert die Geschichte, die ihr der Kontrolleur nicht glaubt und sie wegen
‚Schwarzfahrens' aus der Bahn weist. Die anderen Fahrgäste
bleiben dabei genauso unbeteiligt wie vorher bei der Schimpf-
kanonade der Frau.

Die Bahn fährt weiter, die Frau steht auf der Straße, diskutiert
mit dem Kontrolleur und versteht die Welt nicht mehr.

Aufgabe

1 Lest den Inhalt des Films
„Schwarzfahrer".
a) Spielt die Szene nach.
Wie fühlst du dich als die alte
Frau/der junge Schwarze?
b) Wie hätten die anderen Fahrgäste reagieren können? Sammelt
Vorschläge. Spielt die Szene mit
diesen Vorschlägen nach. Wie
fühlst du dich jetzt als die alte
Frau/der junge Schwarze?
c) Spielt die Szene noch einmal.
Jetzt soll die alte Dame versuchen
ein Gespräch mit dem Schwarzen
zu beginnen. Was verändert sich?
d) Welche Gründe sprechen für
einen Schutz von Minderheiten?
e) Führt eine Diskussion in der
Klasse über Fremdenfeindlichkeit
und Vorurteile.

Übung 2

Aktives und unwirksames Zuhören

Teilt die Klasse in Dreier- oder Vierergruppen ein. Einer ist Erzähler, einer ist Zuhörer, einer oder zwei sind Beobachter.
Spielt zwei Szenen:
Der Erzähler erzählt dem Zuhörer von einem spannenden Fernseh- oder Kinofilm, den er gesehen hat. Der Zuhörer verhält sich so, wie im Text „Unwirksames Zuhören" beschrieben.
Der Erzähler erzählt dem Zuhörer den gleichen spannenden Fernseh- oder Kinofilm, den er gesehen hat noch einmal. Der Zuhörer verhält sich so, wie im Text „Aktives Zuhören" beschrieben.
Der Beobachter leitet das Auswertungsgespräch: Wie ist es dem Erzähler in Szene 1 und Szene 2 ergangen? Welche Gefühle hatte jeweils der Erzähler? Wie ging es dem aktiven, dem unwirksamen Zuhörer?

Aufgaben

2 Unterhalte dich mit einem Mitschüler und nimm das Gespräch auf (Kassette oder MD oder auf dem PC).
a) Wie klingt deine Stimme? Achte auf den Rhythmus, die Sprachmelodie, die Lautstärke.
b) Wie drücken sich Gefühle in deiner Stimme aus?

3 Achte auf Stimmen, die dir begegnen. In der Schule, im Bus, im Radio oder Fernsehen, am Telefon. Passen die Menschen ihre Stimme an die Umgebung an? Experimentiere mit deiner Stimme.

Aktives Zuhören

- Du schaust deinen Gesprächspartner/deine Gesprächspartnerin interessiert an.
- Du blickst voller Mitgefühl.
- Du nickst oft zustimmend.
- Du bist ruhig und gelassen.
- Du fühlst mit und gibst ihm/ihr das zu verstehen.
- Du gibst keine Ratschläge, sondern überlegst mit ihm/ihr gemeinsam, was zu tun ist.
- Du ermunterst ihn/sie auszusprechen, was er/sie befürchtet.
- Du greifst seine/ihre Gedanken auf und sprichst seine/ihre Gefühle aus, die du wahrnimmst.

Unwirksames Zuhören

- Du nimmst keinen Blickkontakt mit deinem Partner/deiner Partnerin auf.
- Du schaust ständig auf die Uhr, so als ständest du unter Zeitdruck.
- Du stöhnst über die Hitze und fragst, ob nicht jemand das Fenster öffnen könnte bzw. öffnest es selbst.
- Du entdeckst einen Fussel auf deiner Jacke.
- Du hast etwas im Auge bzw. bist durch andere Dinge abgelenkt.
- Du gähnst vor Langeweile.
- Du verhältst dich hektisch und unruhig.
- Du sagst: „Ach das ist ja nicht so schlimm."
- Du fragst: „Warum hast du nicht einfach dieses oder jenes gemacht?"
- Du erzählst von dir und einem ähnlichen Erlebnis.

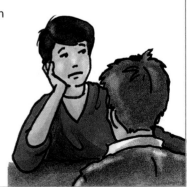

(Aus: Bründel, H. u. a.: Schlichter-Schulung in der Schule)

Gewalttätiges Fehlverhalten – Erfahrungen

M1 *Anlass für eine Schlägerei?*

„Den machen wir fertig!"

In der großen Pause wird der Wasserhahn am Waschbecken im Klassenzimmer der 5a abgeknickt. Frau Lauber, die Klassenleiterin, versucht die Täter herauszufinden. Niemand meldet sich. Frau Lauber ist sehr verärgert. Stefan hält es nicht mehr aus. Er muss es einfach sagen. Er hat genau gesehen, dass Wilhelm und Michael den Wasserhahn verbogen haben. Frau Lauber geht mit den dreien zum Schulleiter. Noch auf dem Gang vereinbaren Michael und Wilhelm, dass sie es dem blöden Stefan nach der Schule schon zeigen werden. Später werden auch Andreas und Lars zur Rauferei „eingeladen". Sie sind stark und bei Auseinandersetzungen immer gerne dabei.
Schulgong: Alle stürmen hinaus. Andreas, Lars, Michael und Wilhelm warten schon auf Stefan. Zu viert fallen sie über ihn her: Michael würgt Stefan. Zusammen mit Andreas nimmt er ihn in die Zange. Stefan wehrt sich. Wilhelm wartet auf eine Gelegenheit, ...

Brutalität in bisher nie erlebtem Ausmaß

Welle jugendlicher Gewalt

An Schulen wird geprügelt, erpresst und gestohlen

Die rasten einfach aus

Das hier ist brutaler Krieg

Erpressung in der Schule

M2 *Schlagzeilen zum Thema „Gewalt in der Schule"*

Aufgaben

1 a) Beschreibe das Foto auf Seite 4/5. Wer ist Michael, Wilhelm, Andreas, Lars und Stefan?
b) Aus welchen Gründen sind die Jungen an der Rauferei beteiligt?
c) Was ist in dieser Situation an Aggression und Gewalt passiert (Info-Kasten)?
d) Wie könnte dieser Konflikt ausgehen?

2 Die Schlagzeilen in M2 berichten von Gewalt an Schulen. Vergleiche mit den Verhältnissen an deiner Schule!

3 Welche Schlagzeile hätte wohl ein Zeitungsreporter zum Vorfall mit Stefan geschrieben? Sammelt Vorschläge!

Info

Aggression:
Unter Aggression versteht man eine feindselige Handlung, mit der Menschen verletzt oder Sachen beschädigt werden sollen.

Gewalt:
Ausübung von Macht durch Anwendung von Zwang. Man unterscheidet
• körperliche Gewalt (z. B. Schlagen, Raufen),
• seelische Gewalt (z. B. Hänseln, Bloßstellen, Blamieren).

Konflikt:
Uneinigkeit zwischen verschiedenen Personen, Gruppen oder Staaten, die in einem Streit, einer Auseinandersetzung oder gar einem Krieg münden kann.

M3 *Verschiedene Formen von Gewalt*

Wie äußert sich Gewalt an Schulen?

Wissenschaftler wollten herausfinden, wie sich Gewalt an Schulen zeigt. Dazu befragten sie an einer Schule 100 Schülerinnen und Schüler der Klassen 5-9. Sie legten den Kindern eine Liste mit den Beschreibungen der verschiedenen Gewalthandlungen vor. Die Kinder sollten beantworten, ob sie in den letzten vier Wochen eine oder mehrere dieser Handlungen selbst ausgeführt haben.

Sabine sagte: „Gestern machte ich mich über Kathrin lustig und war frech zu Herrn Schmidt, unserem Musiklehrer." In der Liste wurde bei den Nummern 8 und 9 jeweils ein Strich gemacht.

Fast alle gaben mehrere Antworten. Die Befragung erbrachte das Ergebnis: 47 von 100 ärgern den Lehrer, 62 von 100 ...

Aufgaben

4 M4 gibt Auskunft über die Häufigkeit von verschiedenen Gewalthandlungen an Schulen.
a) Nenne die drei häufigsten und die drei seltensten Gewalthandlungen.
b) Unterscheide körperliche und seelische Gewalt.
c) Welche dieser Gewalthandlungen hast du an deiner Schule auch schon einmal erlebt?

5 Führt eine Befragung über Gewalt an eurer Schule durch. M4 dient als Grundlage. Notiert die Gewalthandlungen als Frage: „Hast du in den letzten vier Wochen ..." Lest dann die Fragen verschiedenen Schülerinnen und Schülern vor. Wenn sie mit „ja" antworten, macht ihr hinter die jeweilige Frage einen Strich. Erstellt mit euren Umfrageergebnissen auf Transparentpapier ein Säulendiagramm wie in M4. Vergleicht die beiden Diagramme.

6 Welche Gründe kann es für Schüler geben, Gewalthandlungen vorzunehmen?

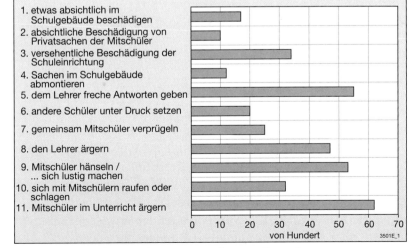

M4 *Ergebnis der Umfrage zum Thema Gewalt*

Augsburg. In einem Jugendzentrum im Süden der Stadt
kam es vorgestern Abend
zu einer Schlägerei zwischen
einer Gruppe von 14- bis
18-jährigen Aussiedlern und
einer gleichaltrigen Skinhead-
Gruppe. Das Eingreifen der
Polizei verhinderte weiteres
Blutvergießen. Mehrere
Beteiligte mussten ärztlich
versorgt werden. Der Grund
für die Aggressionen ist nicht
bekannt.

M1 *Feindliche Gruppen*

Gewalt in der Gruppe

Für Heranwachsende spielt die Gruppe der Gleichaltrigen
eine wichtige Rolle. Hier wird gelernt Rücksicht zu nehmen
und Verantwortung zu tragen.

Gruppenzwang hat jeder wohl schon einmal erlebt. Um nicht
zum Außenseiter zu werden machen einzelne Gruppenmit-
glieder Sachen, zu denen sie von der Gruppe gezwungen werden (etwas klauen, mit den anderen rauchen).

Gruppen grenzen sich immer von anderen Gruppen ab. Betrachten wir doch nur einmal die Fußballfans unterschiedlicher Vereine oder die Anhänger verschiedener Stars.

Bei gemeinsam verübten Straftaten nutzt der Einzelne den
Schutz der Gruppe. Er hat oft die Möglichkeit unerkannt zu
entkommen oder er kann die Verantwortung auf andere Grup-
penmitglieder abwälzen.

Aufgaben

1 a) Beschreibe den Konflikt im
Jugendzentrum mit eigenen Worten.
b) Können die Aussagen im Text
„Gewalt in der Gruppe" die
Ereignisse erklären? Begründe!
c) Gibt es auch bei euch verfein-
dete Gruppen? Berichte.

2 Berichte in der Klasse von
gewaltfreien Computerspielen,
die interessant und spannend
sind.

Gewalt in der Familie

In deiner Familie fühlst du dich meist geborgen. In jeder Familie gibt es aber auch Konflikte. Wenn diese nicht gelöst
werden, kann es innerhalb der Familie zu Gewalthandlungen
kommen. Auch Gewalthandlungen der Eltern gegen ihre Kinder sind möglich. Manche Kinder werden von ihren Eltern
unter starken seelischen Druck gesetzt, andere werden geschlagen. Missbrauch ist, wenn Kinder zu etwas gezwungen
werden, über das sie mit niemandem reden dürfen.
(*Hinweis:* Ein Hilfsangebot findet ihr auf S. 21.)

Bluttat nach Horrorvideo

Passau. Der 15-jährige Junge, der nach dem Anschauen eines Horrorvideos zwei Menschen mit einer Axt schwer verletzt hatte, ist zu einer zweijährigen Haftstrafe auf Bewährung verurteilt worden. Die Jugendkammer am Landgericht Passau bewertete den Einfluss der Gewaltszenen in den Medien ebenso strafmildernd wie die Tatsache, dass die Eltern den Jungen nicht von der „Videosucht" abgehalten hätten. Der Schüler wird für die nächste Zeit unter psychologischer Betreuung in einem Heim stehen. Laut Anklage hatte der zur Tatzeit im März 14-jährige ein Filmmonster aus einem jugendgefährdenden Horrorvideo nachgespielt, das, mit Axt und Buschmesser bewaffnet, 21 Menschen zerstückelt. Als „Jason" verkleidet sei der Junge daraufhin auf seine Cousine (10) losgegangen und habe ihr schwere Schädelverletzungen beigebracht. Eine Nachbarin (69) wurde ebenfalls schwer verletzt.   [1]

Aufgabe

3 Spielt folgende Situation: Eine Gruppe von Freunden beschließt gemeinsam im Supermarkt etwas zu stehlen. Einer will nicht mitmachen. Die anderen bedrängen ihn. Wie kann er sich aus dieser Situation befreien ohne als Feigling dazustehen?

Fördert unsere Gesellschaft die Gewalt?

Der 15-jährige „Jason" hat Aufsehen und Entsetzen erregt. Viele Politiker, Eltern und Lehrer haben gefragt: Hätte die Tat verhindert werden können? Ist unsere Gesellschaft für die Tat mitverantwortlich? Es gibt Befürworter dieser Behauptung (Pro = lat.: für) und Gegner (Kontra = lat.: gegen).

Wir führen eine Pro- und Kontra-Diskussion:

1. Bildet zwei gleich starke Streitgruppen (3–5 Schüler). Eine Gruppe vertritt die Pro-, die andere die Kontra-Argumente. In getrennten Räumen bereiten sie sich auf die Diskussion vor. Sucht weitere Argumente!
2. Wählt einen Diskussionsleiter, der auf die Einhaltung der Regeln achtet, eine Rednerliste führt und die Redezeit begrenzt.
3. Zwei Schüler schreiben die Diskussion stichpunktartig mit. Dieses Blatt wird für die Auswertung benötigt.
4. Alle anderen Schüler sind Zuschauer und beobachten und bewerten den Diskussionsverlauf.
5. Abwechselnd bringen die Gruppen ihre Argumente vor. Der Diskussionsleiter achtet auf eine gerechte Verteilung der Redezeit.
6. Die Zuschauer und die Mitglieder der Streitgruppen berichten, wie sie die Diskussion erlebt haben. Fasst die Eindrücke zusammen. Wertet die Beobachtungen aus. Stellt die Ergebnisse als Plakat oder schriftlich dar!

PRO:
- Gegen Gewalt muss härter vorgegangen werden!
- Die Strafen für Gewalttäter sind zu niedrig!
- Die Altersbeschränkung bei Filmen muss strenger kontrolliert werden!
- Gewaltdarstellungen im Fernsehen und auf Videos sollen vollständig verboten werden!
- ...

KONTRA:
- Die Freiheit des Einzelnen ist am wichtigsten!
- Die Eltern sollen bestimmen, was das Kind ansehen darf!
- Verbote führen nicht zu weniger Gewalt!
- Wenn Kinder zu sinnvoller Freizeitgestaltung erzogen werden, brauchen sie sich solche Filme gar nicht anzuschauen!
- ...

M2

Gewalttätiges Fehlverhalten – Zusammenhänge

Aufgabe

1 Lies den Schunder-Song.

a) Sprich über deine Eindrücke und Gedanken.

b) Erzähle die Geschichte mit eigenen Worten.

c) Gewalt erzeugt Gegengewalt. Erläutere diese Textstelle. Verwende dabei die Gewaltspirale (M5).

d) Welche Gefühle haben Uwe und Alexander wohl während der Auseinandersetzung? Erläutere mithilfe von Textstellen.

e) Wie geht der Konflikt aus?

f) Überlege dir eine gewaltfreie Lösung des Konflikts und schreibe sie auf.

g) Formuliere den Refrain so um, dass er seine Aggressivität verliert und positiv wirkt.

Gewalt erzeugt Gegengewalt

Die deutsche Rockgruppe „Die Ärzte" beschreibt in einem Song eine brutale Gewaltszene. Die beiden beteiligten Personen werden nicht näher vorgestellt, wir nennen sie Uwe und Alexander (der Erzähler).

In der zweiten Strophe heißt es: „Für deine Aggressionen war ich immer das Ventil." Ein Ventil kennst du von deinem Fahrrad. Wenn du den Reifen fest aufgepumpt hast und dann auf das Ventil drückst, entweicht „schlagartig" die Luft. Alexander denkt aber an einen anderen Druck, wenn er sagt, dass auch er ein Ventil für Uwes Aggressionen war.

Vielleicht könnt ihr euch die Musik gemeinsam anhören. Achtet darauf, wie „Die Ärzte" diese Musik vortragen.

M1 *„Die Ärzte", Rockgruppe*

Schunder - Song

Du hast mich so oft angespuckt, geschlagen und getreten.
Das war nicht sehr nett von dir, ich hatte nie darum gebeten.
Deine Freunde haben applaudiert, sie fanden es ganz toll,
wenn du mich vermöbelt hast, doch jetzt ist das Maß voll.
Gewalt erzeugt Gegengewalt, hat man dir das nicht erzählt?
Oder hast du auch - wie so oft - einfach nicht genau zugehört?
Jetzt stehst du vor mir und wir sind ganz allein.
Keiner kann dir helfen, keiner steht dir bei.
Und ich schlag nur noch auf dich ein.
Immer mitten in die Fresse rein.

Ich bin nicht stark und ich bin kein Held, doch was zuviel ist, ist zuviel.
Für deine Aggressionen war ich immer das Ventil.
Deine Kumpels waren immer dabei, doch jetzt wendet sich das Blatt.
Auch wenn ich morgen besser umzieh, irgendwo in eine andere Stadt.
Gewalt erzeugt Gegengewalt, hat man dir das nicht erzählt?
Oder hast du da auch - wie so oft - im Unterricht gefehlt?
Jetzt liegst du vor mir und wir sind ganz allein.
Und ich schlage weiter auf dich ein.
Das tut gut, das musste einfach mal sein.
Immer mitten in die Fresse rein.

3530E_2

[2]

M2

applaudieren = Beifall klatschen
Ventil = Vorrichtung zum Durchlassen und Sperren des Durchflusses, z. B. von Luft (Fahrradschlauch)

M3

18

M4 *Fußballfans*

Aufgaben

2 a) Erzähle eine Geschichte zu M5.
b) Erläutere den Begriff „Gewaltspirale".

3 Zeichne eine Gewaltspirale. Trage drei selbst erlebte Vorfälle in deine Zeichnung ein.

4 Dein Lieblingsverein möchte ein Informationsblatt gegen Gewalt im Stadion verteilen. Welche Tipps zur Vermeidung von Konflikten sollten in das Blatt aufgenommen werden? Schreibe auf.

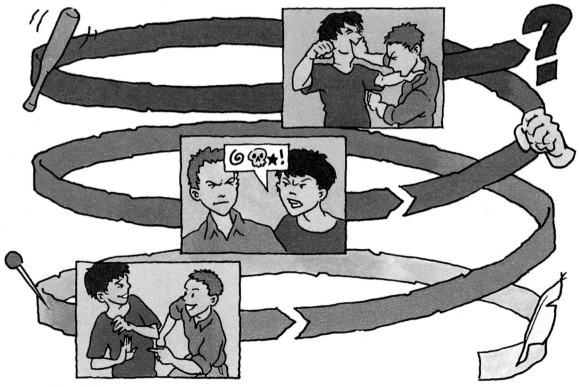

M5 *Gewaltspirale*

19

Gewalttätiges Fehlverhalten – Vorbeugung

Aufgaben

1 Märchenschule? Auf welchen der genannten Vorschläge trifft dies am meisten zu? Begründe deine Entscheidung!

2 Welche der Vorschläge aus den Bildunterschriften sind deiner Meinung nach geeignet eine möglichst aggressionsarme schulische Atmosphäre zu finden?

3 „Eine gewaltfreie Schule ist für mich wie ..." Ergänze den Satz. Sammelt die ergänzten Sätze der gesamten Klasse.

4 Warst du schon einmal in einer Situation, wo du gerne stärker gewesen wärst? Erzähle.

Eine Schule wie im Märchenbuch – der beste Schutz vor Gewalt?

In der Klasse 8c einer großen Hauptschule in R. kam es immer wieder zu Gewalttätigkeiten. Schüler, Eltern und Lehrer litten unter dieser Situation. Franz: „Die Schule macht einfach keinen Spaß mehr." Im Schulforum wurde diskutiert und die Aktion „Schule wie im Märchenbuch" beschlossen. „Was können wir tun um das „Klima" an der Schule zu verbessern?" Jeder Schüler durfte Vorschläge an eine große Pinnwand heften, die beim Eingang aufgestellt war. Viele Mitschüler beteiligten sich. Eine Jury wählte sechs Vorschläge aus. Inzwischen versuchen Schüler und Lehrer der Schule diese Vorschläge umzusetzen. Das ist nicht immer leicht, macht aber riesig Spaß. Und die Gewalt an der Schule hat tatsächlich abgenommen.

Unsere Schule ist wohnlich. Kalten Beton und nüchterne Flure und ungepflegte Klassenzimmer haben wir mit unserer Kunstlehrerin abgeschafft ...

„Dumme Säue" und ähnliche Tiere gibt es in unserer Klasse nicht. Auf Schimpfwörter und Beleidigungen verzichten wir.

Das allgemeine Schulklima ist uns wichtig. Neben dem Unterricht haben wir noch Zeit für Schulfeste, für Schülerzeitung, für sportliche Veranstaltungen, für Schullandheimaufenthalte ...

Unsere Lehrer bemühen sich um Gerechtigkeit und um Verständnis. Sie berücksichtigen auch die Wünsche und Interessen von uns Schülern.

Unsere Klassensprecher sind immer voll mit dabei, wenn die Schule gestaltet werden soll oder wenn Schwierigkeiten gelöst werden müssen.

Wir schließen Patenschaften zwischen älteren und jüngeren Schülern. Die Älteren kümmern sich um die Jüngeren und helfen bei Problemen.

M1 *Mädchen trainieren Wen-Do*

Selbstverteidigung kann man lernen

Wer sich stark fühlt, der ist auch stark. Wer stark ist, hat keine Angst. Wer keine Angst hat, wird nicht so leicht zum Gewaltopfer. Denn Panik und Stress verhindern schnelle Reaktionen. Damit sich Mädchen nicht unterlegen fühlen, werden in vielen Städten Selbstverteidigungskurse angeboten. Sicher wäre es gut, wenn es diese Kurse auch für Jungen gäbe. Die sind oft auch nicht so mutig, wie man glaubt.

M2

Christiane (13):
„Ich traue mir jetzt viel mehr zu!
Nie hätte ich geglaubt, dass ich mich so leicht wehren kann."

Miriam (14):
„Jetzt habe ich viel weniger Angst als vorher!
Ich sage ‚Schluss', wenn mir etwas nicht passt.
Und wenn es sein muss, wehre ich mich."

M3 *Christiane und Miriam*

Wenn du nicht mehr weiterweißt, kannst du Hilfe finden bei
• einer vertrauten Person (Eltern, Geschwister, Freund, Freundin, Verwandte)
• Lehrerin/Lehrer
• Pfarrer/Kaplan/Pastorin/Pastor
• Polizei
• Jugendamt
• Amtsgericht (Rechtshilfestelle)
• Kinderschutzbund
• Notruf für Frauen und Mädchen

Aufgaben

5 „Mädchen müssen immer lieb und nett sein." Was hältst du davon?

6 Wo gibt es in deiner Umgebung Vereine oder Gruppen, die Selbstverteidigungskurse anbieten? Informiere dich.

Selbstverteidigung

Wen Do: Selbstverteidigungsart für Frauen (Wen als Abkürzung für women = Frauen).
Ziel: schlagfertige Mädchen und Frauen – erfolgreich gegen die alltägliche Gewalt.
Aikido: Selbstverteidigungsart, bei der das Mädchen lernt die Kraft eines Angreifers so umzulenken, dass sie sich gegen ihn selbst richtet.

Streitschlichtung einüben

M1 *Schlägerei*

Übung 3

Wir erkennen Konflikte

1. Worte:
Mit welchen Worten gehen
Andreas, Michael, Lars und
Wilhelm auf Stefan los?
Mit welchen Worten versucht
Stefan sie zum Aufhören zu
bewegen?

2. Gedanken:
Welche Gedanken gehen den
einzelnen Jungen in diesem
Augenblick der Rauferei wohl
durch den Kopf?

3. Beobachtungen:
Beobachte einen Konflikt in
der Schule.

Worum ging es?
• Meinungsverschiedenheiten
• körperlicher Angriff
• Beleidigung
• Verletzen einer Regel

Wie ging es aus?
• Kampf
• Übereinkunft
• Anschreien
• durch Erwachsene geregelt
• Strafe

Welche Lösung wurde
gewählt?
• Gewinner – Gewinner
• Gewinner – Verlierer
• Verlierer – Verlierer

M2 *Konfliktlotsen in Aktion*

Streitschlichtung ist anders

Ein Leben ohne Konflikte wird es nicht geben. Deshalb ist es
wichtig, das eigene Verhalten zu trainieren um die Konflikte
möglichst gewaltfrei zu lösen. Dazu sollen dir die folgenden
Seiten eine Hilfe sein. Wenn du diese Übungen mit der Klasse
durchgearbeitet hast, wirst du mit Konflikten besser umgehen
können.

Wie ein Lotse ein Schiff durch gefährliches Wasser führt, so
helfen Konfliktlotsen den Streitenden auf ihrem Weg durch
den Konflikt. Ziel ist, dass die beiden Streitenden selbst
Vorschläge entwickeln, wie sie ihren Streit beilegen können
und sich dabei beide als Gewinner fühlen. Konfliktlotsen sind
auf keinen Fall Polizisten, Sheriffs, Richter, Lehrer. An einigen Schulen heißen die Konfliktlotsen auch Streitschlichter
oder Mediatoren. Das sind verschiedene Begriffe für die
gleiche Arbeit. In der Regel arbeiten bei einer Streitschlichtung immer zwei Konfliktlotsen zusammen. Die Streitschlichtung wird auch Mediation genannt. Auch diese Begriffe bezeichnen das Gleiche.

An vielen bayerischen Hauptschulen gibt es bereits ausgebildete Konfliktlotsen. Auf diesen Seiten lernst du kennen wie
sie arbeiten. Die Übungen dieses Kapitels gehören alle zum
Ausbildungsprogramm für Konfliktlotsen.

Übrigens: Ihr könnt diese Übungen auch dann noch durch-
spielen, wenn ihr schon längst bei einem anderen Kapitel
seid. Natürlich könnt ihr auch zu Hause trainieren.

Fünf Stufen einer Streitschlichtung

Stufe 1: Die Streitenden begrüßen und die Spielregeln erklären

- Ziel verdeutlichen: Die Streitenden finden eine Lösung, mit der alle zufrieden sind.
- Vertraulichkeit zusichern: Die Konfliktlotsen erzählen nichts außerhalb des Raumes weiter.
- Rolle der Konfliktlotsen erläutern: Die Konfliktlotsen
  - sind allparteilich (das heißt, dass sie für beide Streitparteien da sind),
  - sind fair,
  - achten auf die Einhaltung der Regeln,
  - führen durch das Gespräch.
- Rolle der Streitenden erläutern: Die Streitenden sind die besten Experten für Ihren Streit und finden selbst die beste Lösung.
- Regeln erläutern:
  - Wir hören einander gut zu,
  - wir lassen den anderen ausreden,
  - wir reden höflich miteinander.
- Nachfragen, ob alle mit den Regeln einverstanden sind.

Stufe 2: Die Sichtweisen der Streitenden klären

- Berichten: Die Streitenden tragen ihre Standpunkte vor.
- Wiedergeben: Die Konfliktlotsen fassen zusammen und achten darauf, dass auch die Gefühle und Motive der Streitenden klar werden.

Stufe 3: Den Konflikt erhellen

- Nachfragen und Äußerungen wiedergeben:
  Die Konfliktlotsen stellen Gemeinsamkeiten und Verschiedenheiten heraus.
- Jetzige Gefühle/Sichtweisen/Interesse ausdrücken:
  Die Streitenden berichten, wie es ihnen jetzt geht und wie sie jetzt über die Sache denken.

Stufe 4: Lösungsmöglichkeiten verhandeln

Die Konfliktlotsen sammeln verschiedene Lösungsmöglichkeiten und schreiben sie auf. Sie fragen die Streitenden:
- Was wünschst du dir?
- Was bist du bereit zu tun?

Stufe 5: Vereinbarungen treffen

Die Konfliktlotsen überprüfen mit den Streitenden die gefundenen Lösungen und fragen die Streitenden:
- Ist die Lösung fair?
- Ist die Lösung machbar?
- Ist die Lösung genau formuliert?

Die Streitenden vereinbaren die fairen, machbaren und genau formulierten Lösungen, mit denen beide einverstanden sind. Die Konfliktlotsen und die Streitenden unterschreiben die Vereinbarung. Die Konfliktlotsen danken den Beteiligten und verabschieden die Streitenden.

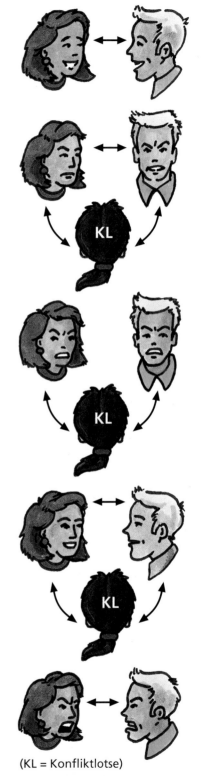

(KL = Konfliktlotse)

M3 *Welche Zeichnung gehört zu welcher Stufe in der Streitschlichtung?*

Streitschlichtung einüben

Das Eisbergmodell

Übung 4

Wir hören gut zu und versetzen uns in andere hinein – Zeichnen nach Anweisung

Immer zwei Schüler setzen sich gegenüber. Der Lehrer gibt dem Schüler A eine Zeichnung, die der Schüler B nicht sehen darf. Jetzt beschreibt A die Zeichnung so genau wie möglich, damit B diese nachzeichnen kann. B darf nicht nachfragen.
Sammelt die fertigen Zeichnungen ein. Stimmen sie mit der Vorlage überein? Stimmen auch Einzelheiten (Anzahl der Beine ...)?

Ein Eisberg zeigt sich nur zu einem kleinen Teil über der Wasseroberfläche. Der viel größere Teil bleibt unter der Wasseroberfläche. Bei Konflikten ist das ähnlich. Nur ein kleiner Teil eines Konflikts ist für die Beteiligten und die nicht Beteiligten sichtbar. Der größte Teil bleibt unseren Augen und Ohren verborgen. Gerade die Gefühle und Gedanken des anderen bleiben oft versteckt. Aber auch über die Interessen und Bedürfnisse des anderen, und welche Probleme er mit sich oder seinen Mitmenschen hat, wissen wir wenig Bescheid.

In einem Klassengespräch können wir uns mithilfe des Eisbergmodells über verborgene Gefühle und Gedanken bewusst werden.
• Wenn wir streiten, dann reden und schimpfen wir viel und manchmal sogar recht laut. Welche Gefühle haben dabei wir oder unsere Streitpartner?
• Teilen wir unsere Gefühle den anderen mit?
• Für einen Streit gibt es immer einen Anlass. Welche Anlässe verheimlichen wir am liebsten?
• Welche Gefühle haben wir, wenn wir etwas verheimlichen?

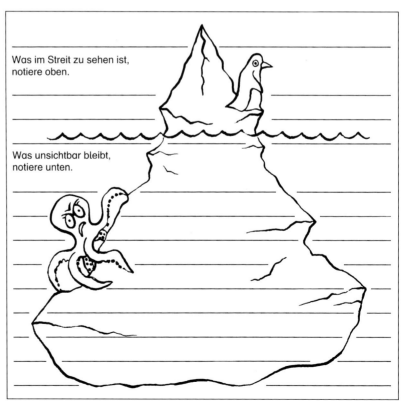

Was im Streit zu sehen ist, notiere oben.

Was unsichtbar bleibt, notiere unten.

M1

Aufgabe

1 a) Zeichne einen eigenen Eisberg.
b) Erinnere dich an einen Streit, den ihr vor kurzem in der Klasse hattet. Schreibe in den Raum über der Wasseroberfläche, wie der Streit ablief, in den großen Teil unter der Wasseroberfläche die verborgenen Gefühle und Gedanken. Tipp: Das Verborgene lässt sich oft auch zeichnerisch darstellen.

Übung 5

Wir empfinden die Gefühle anderer nach

1. Versuche, den Gesichtsausdruck von Andreas, Michael, Wilhelm und Stefan nachzuahmen (S. 4/5). Betrachte dich dabei im Spiegel. Was empfindest du?

2. Schau in den Spiegel und beobachte deinen Gesichtsausdruck (lustig, traurig, ...)
   - mit welchem Gesichtsausdruck gefällst du dir am besten?
   - welcher Gesichtsausdruck löst vielleicht Aggressionen aus (i-Text S. 12)?

3. Ordne die Gesichter aus M2 den entsprechenden Gefühlen zu!
a) fröhlich	b) nachdenklich	c) trotzig
d) traurig	e) wütend	f) überrascht
g) neugierig	h) ängstlich	

4. Viele Menschen haben Schwierigkeiten, ihre Gefühle zu zeigen. Welche Gefühle könnten hinter diesen Sätzen stecken?
   a) „Ein wirklich starkes T-Shirt!"
   b) „Die Buben dürfen immer alles."
   c) „Verdammte Milch, schon wieder angebrannt!"

5. „Das habe ich dir überhaupt nicht zugetraut." Sprich diesen Satz vier mal hintereinander. Drücke mit deiner Stimme folgende Gefühle aus: Überraschung, Bewunderung, Enttäuschung, Vorwurf. Können deine Klassenkameraden die richtigen Gefühle heraushören?

6. a) Versuche durch deinen Gesichtsausdruck die Gefühle Ärger, Trauer, Freude, Wut, Angst ... auszudrücken. Fotografiert euch dabei.
   b) Schneidet Gesichter aus Illustrierten aus, sortiert sie nach den genannten Gefühlen und erstellt eine Collage daraus.

M2 *Gesichter drücken Gefühle aus*

Streitschlichtung einüben

M1

M2 *Herr Baumgartner teilt die Klassenarbeiten aus*

Info

Körpersprache

Du möchtest einer anderen Meinung widersprechen. Dann kannst du eher mit folgender Körpersprache überzeugen:

Stimme – kräftig und sicher

Sprechtempo – mäßig, nicht zu schnell, nicht zögerlich

Blickkontakt – in die Augen schauen!

Gesichtsausdruck – muss zu dem passen, was du sagst und fühlst (z. B. nicht lächeln, wenn du sauer bist)

Körperhaltung – aufrecht, möglichst entspannt, zugewandt

Abstand – etwa eine Armlänge (zu dichtes Aufrücken kann bedrohlich wirken)

Übung 6

Sich angemessen mitteilen und dabei selbst behaupten

Selbstbehauptung im Rollenspiel

Es ist nicht leicht, sich selbst zu behaupten. Wenn du glaubst, es ist unmöglich, dann ist es auch unmöglich. Wenn du selbst davon überzeugt bist, dass du es kannst, dann schaffst du es auch.
Spielt vor der Klasse verschiedene Situationen, in denen es auf Selbstbehauptung ankommt!

Beispiele:
• ein Treffen mit Freunden ablehnen
• ein Geschenk annehmen
• eine Frage stellen, die als „dumm" aufgefasst werden könnte
• einer gängigen Meinung widersprechen
• einen guten Freund, eine gute Freundin kritisieren
• dich von einem Älteren nicht einschüchtern lassen
• einer Aufforderung nicht nachkommen (z. B. mit jemanden mitzugehen)
Achte auf deine Sprache und deinen Körper.

Selbstbehauptung durch Sprache
• Was du sagst, ist sehr wichtig!
• Sprich dein Gegenüber mit Namen an.
• Sage in einem Satz, was du willst.
• Gib eventuell den Grund für dein Anliegen an.
• Wiederhole deinen Standpunkt, wenn nötig, immer wieder.

Wenn du Konfliktlotse werden willst ...

In der fünften Klasse hat Martin von den Konfliktlotsen an seiner Schule erfahren. Er war von der Idee begeistert. Als eine neue Gruppe ausgebildet wurde, trafen sich interessierte Schüler zu einem Informationsnachmittag. Heute ist er geprüfter Konfliktlotse und froh über seine Entscheidung.
Wenn es an deiner Schule Konfliktlotsen gibt, wende dich an sie oder an die zuständigen Lehrkräfte. Sollte es an deiner Schule noch keine Konfliktlotsen geben, so kannst du bei deiner Lehrerin, dem Beratungslehrer oder der Schulleitung nachfragen.

**Pia Kobl (15),
Konfliktlotsin in Regensburg**

Pia geht in eine neunte Klasse. Als Michael aus der sechsten Klasse auf dem Schulhof seinen Klassenkameraden Serkan als „Scheiß Ausländer" anbrüllte und die Faust reckte, hatte sie ihren ersten Fall. Sie sollte den Streit schlichten. Sie hatte gerade Dienst im Konfliktlotsenzimmer ihrer Schule. Jeden Tag wartet hier in der Pause ein Zweier-Team der Konfliktlotsen darauf, dass Streitende freiwillig kommen, oder von Lehrern geschickt werden. Wenn eine Schlichtung länger dauert als die Pause und sie zu spät zum Unterricht kommt, dann ist das in Ordnung. Seit einem halben Jahr ist sie Konfliktlotsin. Drei Fälle hatte sie schon.
Pia freut sich, dass Michael und Serkan nach der Schlichtung friedlich auseinander gingen und beide das Gefühl hatten gewonnen zu haben.

9801E_1

Schlichtungsvereinbarung

Datum: __24.10.05__

Konfliktpartei A: __Michael Diermayer__   Klasse: __6b__

Konfliktpartei B: __Serkan Bülent__   Klasse: __6b__

Konfliktlotse: __Pia Kobl__   Klasse: __9b__

Konfliktlotse: __Martin Wegmann__   Klasse: __7c__

Worum ging es?
__Serkan hat sich in der Pause über Michaels schlechte Diktatnote lustig gemacht. Daraufhin beschimpfte Michael Serkan als „Scheiß Ausländer".__

Abkommen (wer tut was bis wann?):
__Michael achtet darauf in den nächsten drei Wochen keine ausländerfeindlichen Parolen zu verwenden. Serkan unterlässt es, Michael wegen seiner schlechten Leistungen zu hänseln.__

Wir nehmen die Vereinbarung an.

__Michael Diermayer__   __Serkan Bülent__
Unterschrift Konfliktpartei A   Unterschrift Konfliktpartei B

Nachfragetermin am __14.11.05__ um __9:30__ Uhr im Konfliktlotsenzimmer:
Wurde das Abkommen eingehalten?   [ja ☒]   [nein]
Was wurde nicht eingehalten?
_____

Wie kommen die Konfliktparteien zur Zeit miteinander aus?
(Bitte ankreuzen)   [gut]   [mi☒el]   [schlecht]
Warum?
__Serkan sagt nichts, doch Michael fühlt sich provoziert.__

Nach: Konfliktlotsenprojekt der Hans-Herrmann-Schule (HS), Regensburg

M3 *Schlichtungsvereinbarung*

Wiederholen und vertiefen

M1

M2 *Spinnwebanalyse*

Wir untersuchen Gewalt in unserer Klasse: Die Spinnwebanalyse

Während des Unterrichts lacht Ralf seinen Mitschüler Jan aus, der eine Frage des Lehrers nicht beantworten kann. Jan wirft das Mäppchen von Ralf auf den Boden. David beobachtet das Ganze. In der Pause gibt es einen heftigen Streit zwischen Ralf und Jan. David steht daneben.

Aufgabe

Zeichne eine Spinnwebanalyse und trage die wichtigsten Punkte ein. Zeichne die einzelnen Kästchen mit verschiedenen Farben.

Blau: Wer ist beteiligt? (wer?)
Rot: Was tun die einzelnen Beteiligten? (was?)
Grün: Welche Beweggründe haben die einzelnen Beteiligten? (warum?)

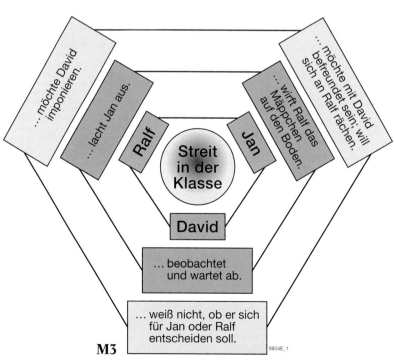

M3

28

Das Wichtigste kurz gefasst:

Interessengegensätze

In unserem Alltag in und außerhalb der Schule gibt es kleinere oder größere Konflikte, Aggressionen und Gewalt. Durch Umfragen wurde festgestellt, welche Gewalthandlungen häufiger und welche weniger häufig vorkommen.

Fast immer beginnt die Gewalt ganz harmlos, der Ton wird ernster, dann dreht sich die Gewaltspirale. Aus einer Kleinigkeit wird etwas ganz großes. Gewalt erzeugt Gegengewalt.

Konfliktbewältigung

Um nicht hilflos zu sein gibt es eine Reihe von Möglichkeiten mit Gewalt umzugehen. Gegen Gewalt können wir etwas tun, wenn wir z. B. die Vorschläge für eine „Schule wie im Märchenbuch" umsetzen. In einem Selbstverteidigungskurs haben Mädchen gelernt, mutiger zu sein, aber auch andere Hilfsangebote stehen zur Verfügung.

Gewalttätiges Fehlverhalten

Auch in Familien und unter Gleichaltrigen kommt es zu Gewalt. Die Gründe für die Konflikte sind verschieden. Häufig werden diese Streitigkeiten von verschiedenen Gruppen ausgetragen.

Heute wird für die zunehmende Gewalt oft unsere Gesellschaft verantwortlich gemacht. Fehlende Orientierung und extremer Medienkonsum werden genannt.

Gewusst wie: Streitschlichtung einüben

Wir können trainieren mit Konflikten gewaltfrei umzugehen. Zuerst müssen wir uns selbst und unsere Mitmenschen besser kennen und verstehen lernen. Wir werden ruhig, wenn es nötig ist. Wir schauen genau hin und erkennen, dass es gut ist, dass die Menschen so verschieden sind. Wenn wir unseren Mitmenschen zuhören, uns in sie hineinversetzen und auch ihre Gefühle nachempfinden und respektieren. Du kannst dich angemessen mitteilen und dich dabei trotzdem durchsetzen. Du kannst mit anderen zusammenarbeiten und ihr helft euch gegenseitig.

Gewalt wird nie ganz zu verhindern sein. Aber es ist gut, dass sie von dir nicht ausgeht!

Grundbegriffe
- Aggression
- Gewalt
- Konflikt

M1 *Bau eines Eingangstores (Porta Praetoria) zum Legionslager Castra Regina (Regensburg)*

Das Römische Weltreich

M1 *Romulus und Remus werden von der Wölfin gesäugt*

Romulus und Remus

Über die Gründung ihrer Hauptstadt Rom erzählen sich die Römer eine Sage: Romulus und Remus waren Zwillinge, Söhne eines Helden. Sie wurden gleich nach ihrer Geburt in einem Schilfkorb auf dem Fluss Tiber ausgesetzt. Der Korb verfing sich aber am Ufer. Eine Wölfin fand ihn und säugte die beiden Jungen. Später gründeten die Zwillinge an der Stelle, an der sie ausgesetzt worden waren, eine Stadt. Im Streit erschlug Romulus seinen Bruder Remus. Romulus wurde erster König der Stadt. Sie ist nach seinem Namen Rom genannt.

Aufgabe

1 Warum ist die Wölfin das Wahrzeichen Roms?

Das Römische Reich – ein riesiges Land

Das Römische Reich war eines der größten Reiche in der Geschichte. Man spricht deshalb auch vom Römischen Weltreich. Das kam vor allem von der mächtigen Armee und der räumlichen Ausdehnung dieses Landes. Es setzte sich aus riesigen Gebieten von drei Kontinenten zusammen.

Seine größte Ausdehnung erreichte das Römische Reich in der Regierungszeit von Kaiser Trajan (97 – 117 n. Chr.). In fast 40 **Provinzen** lebten 50 bis 60 Millionen Menschen. Provinzen waren römische Herrschaftsgebiete außerhalb Italiens, dem Ursprungsland der **Römer**. Rom war die Hauptstadt des Römischen Reiches und galt als Mittelpunkt der damals bekannten Welt. Deshalb wird das Römische **Weltreich** auch Rom genannt.

„Alle Wege führen nach Rom", heißt es heute noch. Ein Straßennetz führte über Rom von Afrika bis Germanien, von England bis in den Orient.

In der Hauptstadt entstanden großartige Prachtbauten. Tödliche Wettkämpfe der **Gladiatoren** und entspannende Aufenthalte in Spaßbädern dienten der Unterhaltung der Bürger Roms.

Was sind Geschichtskarten?

Geschichtskarten zeigen geschichtliche Ereignisse und Entwicklungen. Sie stellen ein bestimmtes Thema dar. Die Geschichtskarte M2 beschäftigt sich mit der räumlichen und zeitlichen Ausdehnung des Römischen Weltreiches. Farben und Zeichen werden in der Legende erklärt, z. B.

• Farbflächen: Größe des Römischen Weltreiches zu einer bestimmten Zeit
• schwarze Linien: Befestigungsanlagen
• graue Schrift: Namen der römischen Provinzen
• rote Schrift: römische Namen von Städten

Gehe bei der Arbeit mit Karten folgendermaßen vor:

1. Lies die Überschrift der Karte.
2. Schau dir die Legende an:
   • Was bedeuten die Farben?
   • Was bedeuten die Zeichen?
3. Beschreibe den Inhalt der Karte und stelle die Ergebnisse mündlich oder schriftlich dar: In der Karte ... ist der Mittelmeerraum dargestellt. Die unterschiedliche Größe des ... ist mit ... dargestellt. Außerdem erkenne ich ...

Aufgaben

2 In den Bildern (A – R) sind nur die Anfangsbuchstaben von Städten angegeben. Wie heißen die Städte? Ordne die roten Punkte der Karte den Bildern zu.

3 Beantworte folgende Fragen mithilfe der Geschichtskarte.
a) Welche Gebiete kamen zwischen 133 v. Chr. und 117 n. Chr. zum Römischen Weltreich?
b) Welche heutigen Länder gehörten zum Römischen Weltreich? Nenne 10 Länder und lege dazu eine Liste an. Römisches Gebiet – heutiges Land (Atlas, Karte: Europa 2000).
c) Wie heißt die römische Provinz, zu der große Gebiete des heutigen Bayerns gehörten?
d) Vervollständige den Text auf Seite 33, Nummer 3.

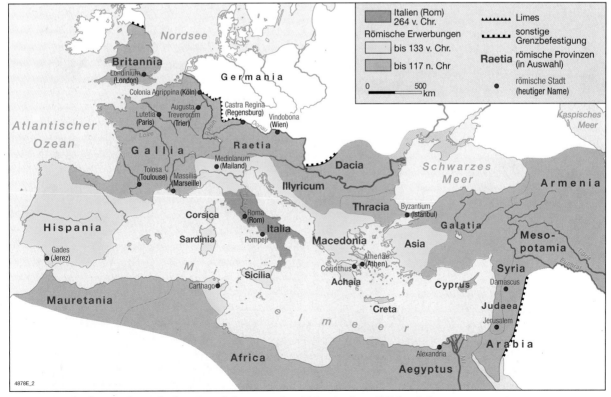

M2 *Räumliche und zeitliche Ausdehnung des Römischen Weltreiches*

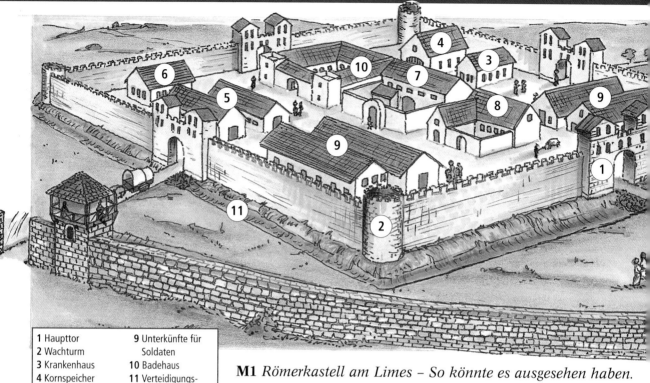

1 Haupttor	9 Unterkünfte für
2 Wachturm	Soldaten
3 Krankenhaus	10 Badehaus
4 Kornspeicher	11 Verteidigungs-
5 Ställe	graben
6 Werkstatt	12 Limes
7 Leitung des	13 Wachturm am
Kastells	Limes
8 Wohnhaus	14 Germanische
des Leiters des	Händler
Kastells	15 Rauchsignal

M1 *Römerkastell am Limes – So könnte es ausgesehen haben.*

Marcellus kämpft gegen die Kelten

Schon seit Wochen ist der römische Soldat Marcellus samt Gepäck und Waffen unterwegs. Von Italien aus überquert er zusammen mit Tausenden von Soldaten die Alpen. Sie haben den Auftrag das Land südlich der Donau zu erobern. Die keltischen Stämme, die dort leben, wehren sich gegen die römischen Angriffe. Im Jahre 15 v. Chr. kommt es in der Nähe des Bodensees zu einer Entscheidungsschlacht.

Marcellus ist in den Tagen vorher etwas nervös. Er weiß von der Tapferkeit der keltischen Krieger. Seine gute Ausbildung als Berufssoldat macht sich jetzt bezahlt. Er ist seinen Gegnern überlegen. Bald kann er mit seinen Kameraden, die ebenfalls Berufssoldaten sind, das siegreiche Ende der Schlacht feiern. Doch zum Ausruhen ist keine Zeit. In den folgenden Sommermonaten dringt Marcellus mit dem römischen Heer bis zur Donau vor. Der neue Auftrag heißt: Sicherung des eroberten Landes südlich der Donau gegen die feindlichen Germanen.

Aufgaben

1 Versetze dich in die Lage eines römischen Soldaten. Berichte.

2 Wie wurde die Grenze nach Germanien gesichert? Erkläre.

3 Welche Aufgaben hatte ein Statthalter?

Ein Statthalter verwaltet das eroberte Land

Das von Marcellus miteroberte Land gehört zur Provinz Raetien. Die Hauptstadt ist Augsburg. Von hier aus verwaltet und sichert ein Statthalter diese Provinz. Er ist dort oberster Beamter und der oberste Befehlshaber der Soldaten. Der Statthalter untersteht dem Kaiser und setzt seine Befehle um. Er kümmert sich in der Hauptstadt auch um den Bau von Straßen, Tempeln sowie beheizbaren Badehäusern aus Ziegel und Stein.

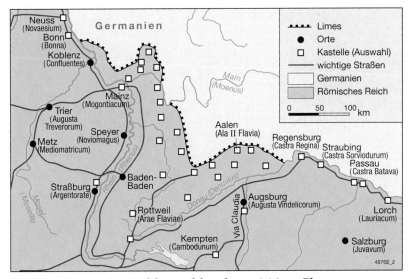

M2 *Die Römer in Süddeutschland um 200 n. Chr.*

Info

Der Limes

Germanische Krieger überfielen in Süddeutschland immer wieder das Römerreich. Deshalb bauten die Römer eine Grenzmauer. Sie wollten ihr Reich besser schützen. Die Grenzmauer nannte man Limes.

Der Limes war 550 km lang und etwa 3 m hoch. Er bestand teils aus Holz, teils aus Stein und wurde durch Wachtürme gesichert. Diese standen in Sichtweite. Warnsignale konnten von Turm zu Turm schnell weitergegeben werden.

Wenn es zu einem Angriff kam, hatten die Römer genügend Soldaten zur Verfügung. Sie lebten einsatzbereit in über 100 **Kastellen** nahe des Limes. Größere Kastelle wie Castra Regina (Regensburg) nannte man Lager. Dort lebten über 6000 Soldaten.

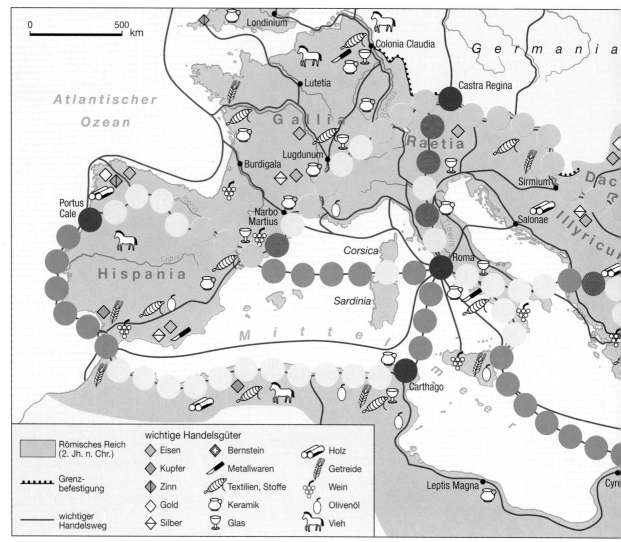

M1 *Handel und Wirtschaft im Römischen Reich um 200 n. Chr.*

Spiel: Handel im Imperium Romanum

Das gut ausgebaute Verkehrssystem des Römischen Reichs lässt den Handel aufblühen und sichert die Versorgung der Bevölkerung mit Dingen des täglichen Bedarfs und mit Luxusgütern. Als Händler verdienst du viel Geld, wenn du deine Waren schnell transportierst. Auf dem Weg der Waren gibt es Schwierigkeiten und Zwischenfälle. Die Beförderung erfolgt über die Verkehrswege Straße (gelb), Fluss (hellblau), Meer (dunkelblau). Beim Wechsel der Transportmittel und beim Überqueren von Gebirgen (rot) kommt es zu Verzögerungen.

Spielregeln

Spielzeit: 2 Spieler: ca. 10 min; 5 Spieler: ca. 25 min
Gespielt wird mit einem Würfel und bunten Spielfiguren. 2 bis 5 Spieler können teilnehmen. Der jüngste Spieler wählt seinen Spielstein zuerst. Damit sind sein Ausgangsort und seine Waren bestimmt. Den Weg, den du gehen willst, darfst du selbst festlegen. Das Spiel besteht aus drei Runden.
1. Runde: Von deinem Ausgangsort sollst du so schnell wie möglich Waren in die Hauptstadt Rom bringen.

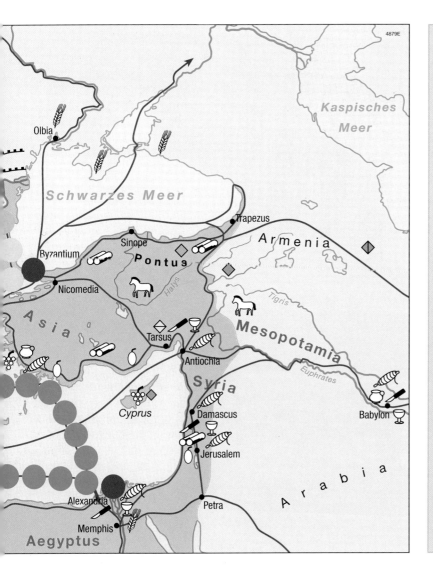

Info

Wirtschaft und Handel

Die meisten Menschen im Römischen Reich lebten auf dem Land und waren Bauern. Sie bauten Getreide, Wein, Oliven, Obst und Gemüse an; sie züchteten Schafe, Rinder, Pferde und Geflügel. Daneben gab es ein reichhaltiges Warenangebot aus Handwerk und Handel. Ein großer Teil der Waren wurde gegen andere Waren eingetauscht. Münzgeld wurde hauptsächlich im Fernhandel verwendet. Die für das Handwerk und die Münzprägung erforderlichen Metalle gewann man in den Provinzen; die Karte zeigt dir, wo Gold, Silber und andere Metalle gewonnen wurden. Ein dichtes Netz von Fernstraßen, Schifffahrtswegen, Häfen und Handelsplätzen bildete die Voraussetzung für einen regen Handel im Römischen Reich und seinen angrenzenden Gebieten. Für Reisende standen gut ausgebaute Land- und Wasserwege zur Verfügung. Allerdings machten Räuber und Piraten immer wieder die Handelswege unsicher.

2. Runde: Von Rom aus bringst du Waren an deinen Ausgangsort mit, die dort dringend benötigt werden.

3. Runde: Bringe jetzt neue Handelsgüter so schnell wie möglich an den Ausgangsort eines deiner Mitspieler. Wer als erster sein Ziel erreicht, ist Sieger und bekommt 3 Punkte.

Folgende Ereignisse bremsen oder beschleunigen das Spiel:

Wenn du eine 1 würfelst: Piraten/Räuber haben den Weg versperrt. Du musst ausweichen und eine andere Route wählen.

Wenn du eine 6 würfelst: Deine Handelsware wird knapp in Rom. Du darfst noch einmal würfeln.

Farbwechsel: Wechsel des Verkehrsmittels oder Gebirge! Eine Runde aussetzen!

Spielstein	Ausgangsort	Name	Waren
	Alexandria	Gaius	Gewürze, Weihrauch, Edelsteine
	Byzantium	Severin	Seide, Gewürze, Elfenbein, Edelsteine
	Castra Regina	Aurelius	Vieh, Pelze, Häute, Honig, Wachs
	Portus Cale	Octavian	Holz, Eisen, Zinn
	Carthago	Marcus	Edelsteine, Elfenbein

Aufgaben

1 a) Ist der römische Kaiser mächtig oder nicht? Begründe.
b) Vergleiche das Leben von Livius mit dem von Marcus.
c) Was bedeutete es, eine Sklavin oder ein Sklave zu sein?

2 Das Römische Weltreich stand jahrhundertelang fest wie ein Denkmal. Nenne Gründe.

Ich heiße Octavianus. Man nennt mich **Kaiser** Augustus. Ich bin der alleinige Herrscher im Römischen Reich. Eine riesige Armee gehorcht meinen Befehlen. Ich verwalte Steuereinnahmen und ernenne Senatoren. Die Kaiserpaläste sind mein Zuhause.

Mein Name ist Livius. Ich bin ein **Senator** und berate den Kaiser. Außerdem kümmere ich mich um eine Provinz am Limes. Ich wohne in einer Villa. Zu meinem Haushalt gehören ungefähr 500 Sklavinnen und Sklaven.

Man nennt mich Marcus. Ich betreibe mit meiner Frau einen kleinen Metzgerladen. Von den Einnahmen können wir unsere Miete und das Schulgeld für unsere vier Kinder bezahlen. Wir leben in einem einzigen Zimmer zusammen. Toiletten gibt es nicht. Wasser holen wir aus einem Brunnen. Der Besuch der Thermen, des Kolosseums und des Circus Maximus bringt Abwechslung in unser Leben. Wir sind frei und damit **römische Bürger**.

Ich heiße Gaius und komme aus einer angesehenen Familie, die in der Nähe des Kaiserpalastes lebt. Seit zwei Jahren bin ich **Heerführer** an der Ostgrenze des Römischen Reiches. Ich achte mit meinen Soldaten darauf, dass auch in weit entfernten Provinzen Friede herrscht. Meine Befehle erhalte ich vom Kaiser.

Kaiser, kaiserliche Familie

Senatoren, Heerführer, reiche, angesehene Bürger

Freigeborene: römische Bürgerinnen und Bürger (Handwerker, Lehrer, Händler, Wagenlenker, Ärzte, Schauspieler)

Freigelassene: ehemalige Sklavinnen und Sklaven

Sklavinnen und Sklaven

M1 *Die römische Gesellschaft zur Kaiserzeit*

Ich bin eine Sklavin und komme aus Germanien. Nach einer Schlacht gegen die Römer wurde ich gefangen genommen und auf einem Sklavenmarkt in Rom an einen reichen Bürger verkauft. Ich bin unfrei und habe keine Rechte. Das Töten einer Sklavin oder eines **Sklaven** gilt dem Gesetz nach als Sachbeschädigung. Ich helfe meiner Herrin beim Ankleiden und im Haushalt. Sie ist sehr nett zu mir, sodass es mir gut geht. Andere Sklaven werden in Bergwerken zu Tode geschunden oder müssen im Kolosseum als Gladiatoren zum Vergnügen der Römer um Leben und Tod kämpfen. Hoffentlich werde ich einmal frei gelassen wie Odoaker. Das ist ein Freund von mir. Er hat jetzt eine kleine Schuster-Werkstatt in Rom.

M2 *Die „Marmorstadt" – Nachbildung des Forum Romanum in Rom*

Feindlicher als die Natur sind die Römer. Diese Räuber des Erdkreises durchstöbern jetzt die Meere, nachdem ihnen keine neuen Länder mehr zur Verfügung stehen. Stehlen, Töten, Rauben – das nennen sie mit einem falschen Wort Herrschaft, und Frieden nennen sie es, wenn sie eine Wüste hinterlassen.

M3 *Gedanken eines britischen Soldaten*

Steckbrief des Kaiser Augustus

Name: Gaius Octavianus
Titel: Nach dem Tod von Julius Caesar nannte er sich Caesar, später Augustus (lateinisch: der Erhabene).
Geboren: 63 v. Chr. in Rom
Bildung: griechische Schulen
Erster Beruf: Soldat – Nahm bereits mit 18 Jahren an Feldzügen teil.

Zweiter Beruf: Kaiser – von 27 v. Chr. bis 14 n. Chr.
Größter Sieg: Seeschlacht in der Nähe von Griechenland gegen die ägyptische Königin Kleopatra
Größte Niederlage: Schlacht gegen die Germanen im Teutoburger Wald
Gestorben: 14 n. Chr.

Aufgaben

3 a) Erstellt mithilfe der Materialien auf den Seiten 38/39 ein Lebensbild von Augustus.
b) Augustus wird als sehr bedeutender oder wichtiger Kaiser bezeichnet. Wie denkst du darüber? Begründe deine Meinung.

4 Beschreibe die Lage der Kaiserpaläste in Rom (M1, S. 52).

Lässt Wasserleitungen, Tempel, Theater und Triumphbögen bauen. Behauptet gerne, Rom in eine Stadt aus Marmor verwandelt zu haben.

Seine Stiefsöhne Drusus und Germanicus erobern Süddeutschland.

Mit Augustus beginnt die römische Kaiserzeit. Sie dauert ca. 500 Jahre.

Zeitgenosse von Jesus Christus: „In jenen Tagen erließ Kaiser Augustus den Befehl, das ganze Land aufzuzeichnen ... Alle gingen hin um sich einschreiben zu lassen ... Es ging auch Joseph von Galiläa aus der Stadt Nazareth hinauf nach Judäa, in Davids Stadt, die Bethlehem heißt ..."

Seit Augustus erlebt Rom die längste Friedenszeit von fast 200 Jahren. Augustus wird deshalb Friedenskaiser genannt.

Sorgt für Wohlstand: Er erlässt Gesetze zur besseren Versorgung der einfachen Menschen und gegen die Verschwendungssucht der Reichen. Augustus versucht mit einer zurückhaltenden Lebensweise selbst Vorbild zu sein.

Nach einer Niederlage gegen die Germanen beschränkt sich Augustus darauf nur noch die Grenzen zu sichern und keine Eroberungskriege mehr zu führen.

3662E

M4 *Kaiser Augustus*

Keltische und römische Spuren

M1 *Modell des Osttores und der Befestigungsmauer einer der größten Keltensiedlungen Europas. Sie liegt bei Manching. Die Mauer hatte eine Länge von 7 km.*

M2 *Fundstücke aus der Keltensiedlung bei Manching*

Aufgaben

1 a) Beschreibe den Aufbau einer keltischen Befestigungsmauer. Verwende die Begriffe Steine, Holzbalken, Eisennägel, Schotter und Erde.
b) Warum war die Mauer gut zu verteidigen? Nenne Gründe.

2 a) Auf den Seiten 40 und 41 siehst du Werkzeuge aus keltischer Zeit.
Schreibe die Namen auf.
b) In welchen Berufen wurden diese Werkzeuge verwendet?
Bilde Sätze:
Der Schmied verwendete das ...

Die Kelten – mächtige Nachbarn der Römer

Um 800 v. Chr. siedelten in Süddeutschland die **Kelten**. Sie wohnten auf Anhöhen, manchmal auch an Flussufern. Später gab es Siedlungen mit mehreren Tausend Einwohnern. Sie dienten als Fürstensitz, Handels- und Handwerkszentrum. Zum Schutz vor Feinden bauten sie gewaltige Befestigungsmauern. Die Kelten lebten hauptsächlich vom Ackerbau und handwerklichen Erzeugnissen. Sie schmiedeten Waffen, töpferten Gefäße und stellten kunstvollen Schmuck her. Keltische Erzeugnisse waren bei den **Germanen** und den Römern sehr gefragt.

40

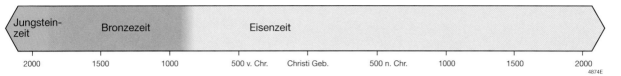

Jungstein-zeit | Bronzezeit | Eisenzeit

2000 · 1500 · 1000 · 500 v. Chr. · Christi Geb. · 500 n. Chr. · 1000 · 1500 · 2000

4874E

Eine schweißtreibende Arbeit

Wir schreiben das Jahr 300 v. Chr.: In der Nähe der heutigen Stadt Manching sind die Köhler seit Tagen damit beschäftigt, die Holzkohle für den Schmelzofen herzustellen. Es dauert mehrere Tage bis das gesamte Buchenholz im Kohlenmeiler durchglüht und sich in Holzkohle verwandelt. Das Eisenerz ist schon gestern von der 30 km entfernten Schürfstelle auf dem Ochsenfuhrwerk eingetroffen. Jetzt können Bricco und Reimar den ein Meter hohen Tonofen von oben schichtweise mit Holzkohle und Eisenerz füllen. Nachdem Bricco das Material entzündet hat, sorgt Reimar mit dem Blasebalg für einen guten Luftzug. Die Hitze erreicht 1200 °C. Bald schmilzt das Eisen zu einem zähen Brei, der sich auf dem Boden des Ofens absetzt. Bricco holt mit einer Zange einen glühenden Eisenklumpen aus der Öffnung des Ofens. Mit dem Hammer entfernt er sofort Verunreinigungen. Jetzt erst kann er das Eisen zu einem Beil schmieden und im kalten Wasser härten.

Info

Eisenzeit

Menschen in Vorderasien entdeckten um 1200 v. Chr. das Verfahren Eisen zu schmelzen und zu verarbeiten. Etwa 800 v. Chr. erlernten die Kelten die Eisenverarbeitung.
Die Schmiede der Kelten galten als sehr geschickt. Neben Schwertern stellten sie auch Werkzeuge aus Eisen her.
Das war ein großer Fortschritt, denn Eisen ist härter als Bronze und Holz. Schwere Arbeiten ließen sich nun leichter verrichten.
Da die Menschen auch heute noch Eisen herstellen und verarbeiten, dauert die Eisenzeit im Grunde immer noch an.

Aufgabe

3 Beschreibe die Herstellung eines Beiles (Text S. 41 und M3).

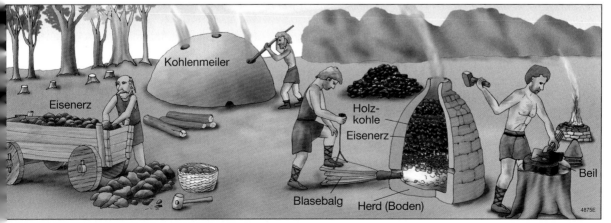

Kohlenmeiler

Eisenerz

Holz-kohle

Eisenerz

Beil

Blasebalg   Herd (Boden)

4875E

M3 *Bricco und Reimar schmieden ein Beil*

Römische Straßen

Die Straßen der Römer gelten als technische Meisterleistung. Mithilfe von Brücken konnte sogar hügeliges Gelände auf kurzem Wege überwunden werden. Die Straßen waren geschottert oder gepflastert. So kamen Soldaten, Boten, Händler und andere Reisende auch bei schlechtem Wetter schnell vorwärts. Das war für die Sicherung des Römischen Reiches sehr wichtig.

Wie ein Netz verbanden die Straßen Kastelle und Städte. Eine Straße führte z. B. von Rom nach Augsburg. Sie hieß Via Claudia.

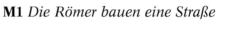
Querschnitt durch eine Straße

M1 *Die Römer bauen eine Straße*

Süddeutschland wird römisch

Viele Soldaten waren nötig um in Süddeutschland die römisch-germanische Grenze zu sichern. Diese Soldaten mussten mit Lebensmitteln versorgt werden. Deshalb kamen römische Händler, Bauern und Handwerker aus Italien. Sie zogen in die Nähe der Kastelle. Dort entstanden einzelne Gutshöfe und kleinere Siedlungen. Einige dieser Siedlungen entwickelten sich später zu Städten. Eine wichtige **Stadt** war Augsburg. Von hier regierten die Römer das Gebiet südlich der Donau. Je mehr Römer in Süddeutschland lebten, desto sicherer fühlten sie sich.

Viele Legionäre heirateten einheimische keltische Frauen. Die Völker vermischten sich. Sie wuchsen zu einer Gemeinschaft zusammen. Bald lebten viele Kelten wie Römer. Sie wohnten nun in Gebäuden aus Stein, trugen römische Kleider, besuchten Badehäuser, übernahmen allmählich die lateinische Sprache und lernten neue Götter kennen. Manche keltischen Männer dienten sogar in der römischen Armee. Auf diese Weise war die Herrschaft der Römer gesichert. Es herrschte über 100 Jahre Frieden, bis germanische Stämme einfielen.

Steckbrief eines Kelten

Name: Bricco
Abstammung: Kelte
Sprache: keltisch (keine Schrift!)
Beruf: Händler
Handelsware: Schmuck aus Glas
Wohnort: kleine Siedlung an der Iller in der Nähe von Kempten
Wohnung: Hütte aus Holz mit Strohdach
Religion: Glaube an eine Vielzahl von Natur- und Tier-göttern sowie an die Unsterblichkeit der Seele
Kleidung: farbige Hose und Mantel
Leibspeise: Dinkelbrot und am Spieß gebratenes Schweinefleisch, dazu dicke Bohnen

M2 *Römer kommen nach Süddeutschland*

M3 *Markt in einer römischen Stadt*

Auf dem Land und in der Stadt

Die meisten Römer lebten auf dem Land in einer **villa rustica**. Das war ein Gutshof. Dazu gehörten bei reichen Gutsherren ein prunkvolles Herrenhaus und verschiedene Nebengebäude, wie z. B. Stall, Scheune, Werkstatt und Badehaus mit einer Fußboden- und Wandheizung. Eine Steinmauer schützte den Hof. Die Gutsherren versorgten Kastelle und Städte mit Getreide, Gemüse, Obst und Fleisch.

In allen eroberten Gebieten gründeten die Römer Städte nach dem Vorbild Roms. So gab es auch in Augsburg und Kempten prächtige Paläste, Mietshäuser, Geschäftsstraßen, Schulen, Tempel, Theater und Badehäuser. Auf Marktplätzen verkauften Händler südländische Früchte, wie Datteln und Feigen, Wein, Öle, Töpferwaren und Schmuck.

M4 *Herrenhaus einer villa rustica (Modell)*

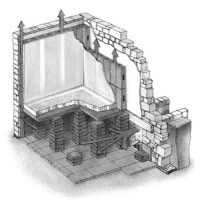

M5 *Römische Fußboden- und Wandheizung*
Heiße Luft strömte von einer Feuerstelle durch den Hohlraum unter dem Fußboden und durch die Hohlziegel in der Wand. In römischen Badehäusern war es in manchen Räumen so warm, dass sie wie eine Sauna benutzt werden konnten.

Aufgaben

1 Die Via Claudia verläuft von Rom bis Augsburg.
a) Berechne die Entfernung zwischen den beiden Orten (Atlas, Karte: Südwesteuropa – physisch).
b) Ein berittener Bote legte an einem Tag etwa 170 km zurück, wenn er mehrmals das Pferd wechselte. Wie viele Tage brauchte er von Rom nach Augsburg?

2 Straßen waren für die Römer zur Sicherung ihrer Herrschaft von großer Bedeutung. Erkläre.

3 Versetze dich in den keltischen Händler Bricco. Wie könnte sich durch die Ausbreitung der Römer sein Leben verändert haben?

4 Wie funktioniert eine römische Fußboden- und Wandheizung (M5)?

43

Wandel und Untergang

M1 *Katakombe unter der Stadt Rom*

Info

Katakomben

Katakomben dienten mit ihren oft kilometerlangen Gängen den Christen als Treffpunkt für die Feier von Gottesdiensten und als Grabstätten. Die verstorbenen Gemeindemitglieder bestatteten sie in kleinen Kammern, die dann zugemauert wurden. Während der Christenverfolgung dienten die Katakomben als Versteck.

Amphitheater

Das Amphitheater in Rom fasste etwa 50 000 Zuschauer. Amphitheater gab es auch in anderen Städten des Römischen Reiches. In ihnen kämpften Menschen und Tiere zur Unterhaltung der Besucher auf Leben und Tod.

Das Christentum

Die ersten Christen lebten sehr zurückgezogen und lehnten den Glauben an die vielen römischen Götter ab. Sie kannten nur einen Gott. Viele Römer empfanden ihr Verhalten als sonderbar. Als 64 n. Chr. in Rom ein verheerender Brand ausbrach, gab man den Christen die Schuld. Um das aufgebrachte Volk zu beruhigen ließ der damalige Kaiser Nero zahlreiche Christen im **Amphitheater** von Rom grausam hinrichten. Das war der Beginn der Christenverfolgung. Etwa 300 n. Chr. wurden die Anhänger Jesu sogar im gesamten Römischen Reich verfolgt. Sie sollten den Kaiser als Gott anerkennen und den Göttern Opfer darbringen. Tausende von ihnen weigerten sich und mussten deshalb sterben. Man nannte sie **Märtyrer**.

Trotz der grausamen Verfolgung ließen sich immer mehr Menschen taufen. Die Kaiser merkten schließlich, dass sie die Ausbreitung des Christentums nicht verhindern konnten. Im Jahr 313 n. Chr. erlaubte Kaiser Konstantin allen Menschen im Römischen Reich die freie Wahl der Religion. Die Christen konnten sich nun offen und gefahrlos zu ihrem Glauben bekennen.

Ein Römer beschreibt die Christen:

Die Christen sind eine lichtscheue Gesellschaft, stumm in der Öffentlichkeit, in ihren Verstecken geschwätzig; Tempel verachten sie und verlachen die heiligen Opfer. Sie verachten Ämter und Würden. Oh diese unbegreifliche Dummheit. Sie achten gegenwärtige Folter für nichts. An geheimen Zeichen erkennen sie einander. [4]

M2 *Amphitheater in Rom*

Perpetua wird zum Tod verurteilt

Während der Zeit der Christenverfolgungen sperrten römische Soldaten die junge Mutter Perpetua zusammen mit Felicitas, Saturus und Revocatus in den Kerker. Sie waren Christen. Sie glaubten an die Auferstehung Jesu Christi und hielten ihn für Gottes Sohn. Deshalb weigerten sie sich, den römischen Kaiser als Gottheit zu verehren.

Wenige Tage vor ihrem Tod schrieb Perpetua in ihr Tagebuch:

Während wir am anderen Tag zu Morgen aßen, wurden wir plötzlich weggeschleppt zum Verhör. Wir stiegen auf das Schaugerüst. Da erschien plötzlich mein Vater mit meinem Sohn, zog mich vom Gerüst herab und sagte:
„Hab Mitleid mit deinem Kind!"
Auch der Statthalter und Richter Hilarianus meinte:
„Schone die grauen Haare deines Vaters, schone die Kindheit des Knaben! Bring das Opfer dar zum Wohl des Kaisers!"
Ich antwortete: „Nein."
Hilarianus: „Bist du Christin?"
„Ja", erwiderte ich, „ich bin Christin."
Als mein Vater mich noch weiterhin anflehte, wurde er mit einem Stock geschlagen. Alsbald verkündete der Statthalter das Urteil: Wilde Tiere sollten uns töten. Fröhlich stiegen wir darauf wieder in den Kerker hinab.
Über den weiteren Verlauf berichtete ein Augenzeuge:
„Die Verurteilten schritten aus dem Kerker zum Amphitheater wie in den Himmel, froh und strahlenden Angesichts. Darauf mussten sie vor den vielen Zuschauern mit einem Leoparden, einem Eber und einer wilden Kuh kämpfen. Schwer verletzt überlebten die vier Christen zunächst das grausame Spiel. Deshalb wurden sie schließlich mit einem Schwert getötet." [5]

Christen verständigten sich untereinander mit Geheimzeichen wie dem Fisch. „ICHTHYS" (griechisch) = Fisch Iesous-**Ch**ristos-**Th**eou-**Y**ios-**S**oter = Jesus-Christus-Gottes-Sohn-Retter

M3 *Christliches Symbol*

Aufgaben

1 a) Spielt das Verhör nach.
b) Wie erklärst du dir das Verhalten Perpetuas?

2 Warum empfanden viele Römer die Christen als sonderbar?

3 Nenne Gründe für die Christenverfolgung.

4 Auch heute gibt es gewaltsame Auseinandersetzungen zwischen Menschen unterschiedlicher Religionen. Sammelt Informationen aus den Medien.

M4 *Blutiger Kampf in einem Amphitheater (Mosaik)*

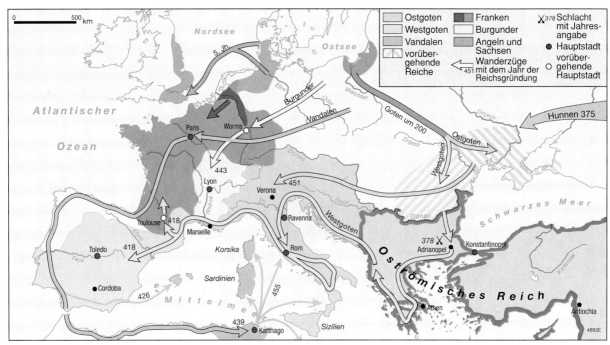

M1 *Germanische Wanderungen und Reiche bis um 526 n. Chr.*

Info

Weströmisches Reich – Oströmisches Reich

Während germanische Stämme Raubzüge im Westen des Römischen Reiches unternahmen, bedrohten die Perser die Grenze im Osten. Um das riesige Reich besser verteidigen zu können, wurde es nach 395 n. Chr. in ein West- und ein Oströmisches Reich geteilt. Jedes Reich hatte seinen eigenen Kaiser. Westrom bestand bis 476 n. Chr. und Ostrom noch bis 1453 n. Chr.

Untergang des Weströmischen Reiches

Ab 375 n. Chr. drang das mächtige Reitervolk der Hunnen mit ihrem König Attila von Asien nach Europa vor. Die Hunnen verdrängten germanische Völker. Es kam zur großen **Völkerwanderung**. Massenweise drangen Germanen in das Römerreich ein. Teilweise erhielten sie die Erlaubnis zu siedeln, teilweise vertrieben sie, vor allem im Westen, die einheimische Bevölkerung. An manchen Orten kam es zu Kriegen. Die Hauptstadt Rom wurde mehrmals erobert und geplündert. Allmählich zerbrach das Weströmische Reich unter dem Ansturm der Germanen. Diese gründeten nun auf römischem Boden neue Reiche. Das Christentum der Römer, ihr technisches Wissen und ihre Sprache lebten in der germanisch-römischen Mischbevölkerung weiter.

M2 *Germanen greifen ein römisches Kastell an*

Germanen besiedeln Bayern

Vom Ansturm der germanischen Völker blieb auch die Provinz Raetien nicht verschont. Alemannen unternahmen immer wieder Raubzüge. Sie plünderten dabei Kastelle, Städte und vor allem Gutshöfe. Die Alemannenstürme brachten fast 200 Jahre lang Tod und Verwüstung. Die römische Herrschaft brach Schritt für Schritt zusammen. Germanische Völker eroberten Schritt für Schritt das Land und nahmen es in Besitz. Die Germanen konnten zunächst mit den Steinbauten der Römer wenig anfangen. Bei der Gründung neuer Siedlungsorte bevorzugten sie Holzbauten. Noch heute können wir erkennen, welche Siedlungsorte von den Alemannen gegründet wurden: Die Ortsnamen haben die Endung – „ingen". Die von den Franken gegründeten Orte enden auf – „heim".

> **Der Römer Tacitus berichtet über die Germanen:**
> Dass die Völkerschaften der Germanen keine Städte bewohnten, ist hinreichend bekannt. Sie hausen einzeln, gerade wie ein Quell, eine Fläche, ein Gehölz ihnen zusagt. Ihre Dörfer legen sie nicht in unserer Weise an, dass die Gebäude verbunden sind und aneinander stoßen. Jeder umgibt sein Haus mit freiem Raum. Nicht einmal Bruchsteine oder Ziegel sind bei ihnen im Gebrauch; zu allem verwenden sie unbehauenes Holz, ohne auf ein gefälliges oder freundliches Aussehen zu achten. [6]

Aufgaben

1 Germanische Völker verlassen ihre Heimat und gründen neue Reiche. Lege eine Liste an. (Atlas: Europa – physisch) Volk (Westgoten) – alte Siedlungsgebiete (Ukraine, Rumänien) – Gebiet des neuen Reiches (Spanien) – Jahr der Reichsgründung (418 n. Chr.)

2 a) Zeichne in eine Kopie einer physischen Europakarte die Wanderzüge der Germanen ein.
b) Achte auf landschaftliche Gegebenheiten (Gebirge, Flüsse). Was fällt dir auf?

3 Welches Ereignis führte zum Ausbruch der großen Völkerwanderung?

4 Beschreibe mithilfe der Textquelle und M3 ein germanisches Dorf.

M3 *Germanisches Dorf*

Geschichtsfunde untersuchen

M1 *Keltischer Krieger: Diese Zeichnung wurde mithilfe von Funden aus keltischen Gräbern angefertigt*

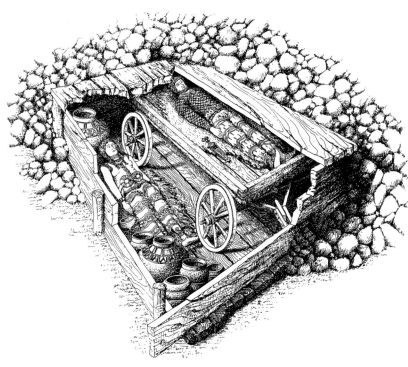

M2 *So könnte eine keltische Grabkammer ausgesehen haben*

Fundstücke aus Gräbern erzählen Geschichten

Fundstücke aus Gräbern liefern wichtige Informationen. Sie erzählen vom Leben, vom Glauben und von den Bräuchen eines Volkes. Je mehr Fundstücke es von einem Volk gibt, desto genauer kann es beschrieben werden. Die Fundstücke aus dem keltischen Grabhügel bringen uns auf folgende Gedanken:

Die Eisenwaffen deuten darauf hin, dass die Kelten in der Eisenzeit lebten, an ein Leben nach dem Tod glaubten und im neuen Leben für einen Kampf gewappnet sein wollten. Die Frau liegt tiefer als der Mann, sie war ihm offensichtlich untergeordnet. Tongefäße und Kleidung zeigen, dass ...

M3 *Keltischer Grabhügel*

M4 *Waffen aus einem keltischen Grab*

M5 *Überreste der Porta Praetoria*
Die Porta Praetoria war das Nordtor des Soldatenlagers Castra Regina (Regensburg). Römer errichteten es aus riesigen Kalksteinen. Diese Kalksteine sind so geschickt behauen, dass sie ohne Mörtel genau zusammenpassen. Zwischen manchen Steinen ist nicht einmal Platz für eine Rasierklinge.

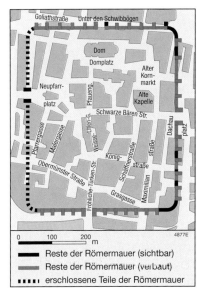

M6 *Castra Regina im heutigen Stadtplan von Regensburg*

Wir untersuchen und zeichnen Überreste von Bauwerken

Viele Bauwerke aus der Vergangenheit sind nicht mehr vollständig erhalten. Ihre Überreste sind für die Geschichtsforschung sehr wichtig, da sie uns vom Leben der Menschen in früherer Zeit berichten.

1. Welche Überreste von Bauwerken aus der Vergangenheit gibt es in deiner Umgebung? Informiere dich.

2. Wähle ein Bauwerk aus und stelle dessen Lage in einem Ortsplan oder in einer Straßenkarte fest.

3. Betrachte das Bauwerk. Lass es auf dich wirken.

4. Miss z. B. die Länge und Breite eines Steines. Zähle die Steinreihen. Errechne daraus die Höhe und Breite des Bauwerkes. Fertige eine Skizze an und notiere die ermittelten Maße.

5. Zeichne das Bauwerk oder den Verlauf der Grundmauern genauer. Damit die Zeichnung nicht zu hoch oder zu breit wird, musst du noch einen geeigneten Maßstab festlegen (z. B. ein Meter in der Wirklichkeit ist ein halber Zentimeter auf deinem Rechenblatt).

6. Sammle weitere Informationen zum gezeichneten Bauwerk.

7. Gestalte einen Hefteintrag oder eine Infowand.

Arbeitsmittel: Ortsplan, karierter Block, Meterstab oder Maßband, Geodreieck, Bleistift, Radiergummi, Spitzer.

Aufgaben

1 a) Beschreibe die keltische Grabkammer (M2).
b) Was erfährst du durch die Funde in der keltischen Grabkammer über die Kelten?
Ergänze den Text auf der Seite 48.

2 Ordne die Waffenfunde aus M4 dem keltischen Krieger zu (M1).

3 a) Fertige eine Skizze von der Porta Praetoria an (M1, S. 30/31).
b) Vergleiche deine Skizze mit den heutigen Überresten (M5). Welche Teile sind heute noch erhalten?

4 Ermittle die Länge und Breite des Römerlagers Castra Regina (M6).

5 Berechne die ungefähre Höhe der Porta Praetoria und der Lagermauer in römischer Zeit (M1, S. 30/31). Maße der Steine: 120 cm x 80 cm und 80 cm x 40 cm

Informationen sammeln

M1 *Aus der Firmengeschichte*

Günstige Voraussetzungen für die Industrie Norditaliens

- Schnelle Transportwege durch zahlreiche Straßen, Autobahnen und Eisenbahnlinien in der Poebene
- Seehäfen und große Flughäfen erleichtern den Warentransport ins Ausland
- Gesicherte Energieversorgung durch die Wasserkraft der Alpenflüsse
- Gut ausgebildete Arbeitskräfte

Italien: zwei Welten – ein Land

Italien ist ein Land in Südeuropa. Es hat die Form eines Stiefels. Im Norden gehören Teile der Alpen zu Italien. Nach Süden schließt sich die Poebene an. Das Gebirge der Apenninen verläuft bis nach Süditalien.

Der Unterschied zwischen Nord- und Süditalien ist erheblich. Norditalien ist das wirtschaftliche Zentrum des Landes. Hier leben heute etwa zwei Drittel aller Italiener. Zahlreiche Industriebetriebe bieten Arbeit. Schon vor Jahren konnten sich in Norditalien aufgrund sehr günstiger Voraussetzungen kleine Handwerksbetriebe wie z. B. die Firma Fiat zu großen Industriebetrieben weiterentwickeln.

Süditalien ist der weniger gut entwickelte Teil des Landes. Es gibt dort viel Landwirtschaft und wenig Industrie. Deshalb mangelt es in Süditalien an Arbeitsplätzen. Das führt zur Abwanderung von Familien.

In Süditalien liegt die Hauptstadt Rom. Sie ist das politische Zentrum Italiens und Sitz der Regierung. So finden sich in Rom viele Regierungsgebäude.

M2 *Teststrecke auf dem Fiat-Hochhaus in Turin, 1927*

M3 *Abwanderung in Italien*

M4 *Straße in einer Stadt in Süditalien*

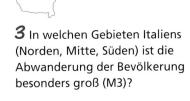

M5 *Übungskarte Italien*

Legende:
- Ort
- Fluss
- schiffbarer Fluss

0 50 100 150 200 km 3638E-1

Aufgaben

1 Warum gibt es in Norditalien so viele Industriegebiete? Erkläre.

2 Beschreibe die Geschichte der Firma Fiat.

3 In welchen Gebieten Italiens (Norden, Mitte, Süden) ist die Abwanderung der Bevölkerung besonders groß (M3)?

4 Man spricht von den „beiden Italien". Erläutere die Unterschiede.

5 Löse die Übungskarte (Atlas: Karte – Südwesteuropa, physisch).

Internetadressen:

Auswärtiges Amt mit den Adressen der Botschaften
http://www.auswaertigesamt.government.de/

CIA World Fact Book
http://www.odci.gov/cia/publications/factbook/

Wir gestalten eine Wandzeitung

1. Wir beschaffen uns Materialien:
Man erhält sie in Reisebüros, in Lexika, im Atlas oder im Internet.

2. Wir teilen uns die Arbeit auf:
Bildet verschiedene Arbeitsgruppen. Je nach Umfang der Materialien können sich auch mehrere Gruppen mit einem Thema beschäftigen.
Nun müsst ihr noch Aufgaben innerhalb der Gruppe verteilen:
- Texte lesen, Informationen herausarbeiten,
- Informationen zusammenfassen, korrigieren und aufschreiben,
- Informationen mit Fotos, Grafiken und Tabellen ergänzen,
- Gestaltung, z. B. mit Computerprogrammen, Tonpapier.

3. Wir gestalten mit unseren Ergebnissen die Wandzeitung:
Die Ergebnisse werden auf Plakatpapier oder Korkwand geheftet. Einzelne Themen sollen gut erkennbar sein und übersichtlich angeordnet werden. Die Ausstellungsfläche darf nicht überfrachtet wirken.

Gliederungsvorschlag für eine Wandzeitung
I Politische Verhältnisse: Staatsoberhaupt, Regierungsform, Hauptstadt, Regierungsgebäude
II Wirtschaftliche Verhältnisse: Landwirtschaft, Industrie, Dienstleistungen (z. B. Tourismus)
III Gesellschaftliche Verhältnisse: Bevölkerung, Bildung, Religion, Sprache

Wiederholen und vertiefen

Aufgaben

1 a) Welche beschriebenen Sehenswürdigkeiten Roms sind heute noch erhalten? (Atlas: Karte – Europäische Städte).
b) Suche mithilfe des Internets Bilder zu den Sehenswürdigkeiten (http://www.roma2000.it).
c) Plane einen Stadtrundgang durch Rom. Lege dabei die Reihenfolge der Sehenswürdigkeiten fest und beschreibe sie kurz.

2 Lege eine Liste an und ordne die Lehnwörter in M2 (10–18) den lateinischen Wörtern zu.
Lateinische Wörter: carrus, radix, corbis, fenestra, discus, pressa, persicum, cellarium, pirum.

3 Schreibe folgende Zahlen in römischer Schreibweise (M4): 1099, 1580, 1800, 1999.

Täglich auf den Spuren der Römer

Wir bewundern heute noch die Leistungen der Römer und ihre Spuren begegnen uns fast täglich. Die Römer waren technisch gebildet. Sie bauten große Städte mit Häusern aus Stein, Straßen, Brücken und Wasserleitungen. Viele Brücken aus der Römerzeit werden noch immer benutzt. Gute Ideen römischer Baukunst wie z. B. Ziegeldächer haben bis heute Bestand. Römische Zahlen finden wir auf Zifferblättern von Uhren. Lateinische Wörter wurden als Lehnwörter ins Deutsche übernommen. Verschiedene Obst- und Gemüsesorten bereichern fast täglich unseren Speiseplan. Sogar die Speisenzubereitung im Römertopf hat sich erhalten.

1 Circus Maximus: Stadion für Wagenrennen (250000 Zuschauer!)
2 Kaiserpaläste: Von hier aus regierten Kaiser das Römerreich.
3 Wasserleitung (Aquädukt): Versorgte einen Teil der Häuser und Thermen mit frischem Quellwasser. Dieses floss durch einen Kanal auf der Spitze des Bauwerkes.
4 Colosseum: Hier kämpften die Gladiatoren.
5 Thermen: Öffentlicher Ort der Reinigung, Erholung und Treffpunkt, eine Art Freizeitbad
6 Forum Romanum: Fest- und Marktplatz, Tempelbezirk
7 Jupitertempel: Jupiter war der höchste Gott der Römer. Kaiser verglichen sich gerne mit ihm.
8 Marcellus-Theater: 20000 Sitzplätze, Aufführung von lustigen und traurigen Theaterstücken
9 Tiber: Fluss, Verbindung zum Mittelmeer, wichtiger Verkehrsweg

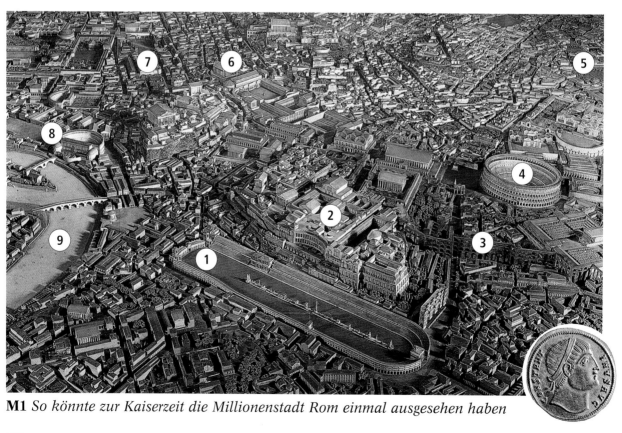

M1 *So könnte zur Kaiserzeit die Millionenstadt Rom einmal ausgesehen haben*

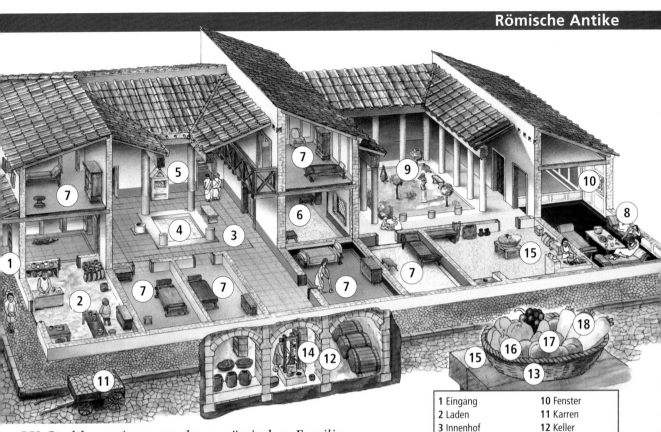

M2 *Stadthaus einer vornehmen römischen Familie*

1 Eingang	10 Fenster
2 Laden	11 Karren
3 Innenhof	12 Keller
4 Regenbecken	13 Korb
5 Hausaltar	14 Presse
6 Empfangsraum	15 Tisch
7 Wohn-, Schlaf- und	16 Birne
Wirtschaftsräume	17 Pfirsich
8 Speiseraum	18 Rettich
9 Garten mit Säulen-	
halle	

Info

Lehnwörter

Die Germanen lernten bei den Römern viele neue Dinge kennen. Daher übernahmen (= entlehnten) sie auch die Bezeichnungen aus der lateinischen Sprache. Manche dieser Lehnwörter veränderten sich dabei nur wenig. Aus Strata wurde z. B. Straße. Anhand der Lehnwörter kann man erkennen, was die Germanen von den Römern übernahmen.

Der „Römertopf" wurde vor über 2000 Jahren erfunden. Damals haben die Römerinnen in einem solchen Gefäß zum Beispiel Geflügel zubereitet. Sie legten das fertig gewürzte Huhn auf eine Steinplatte, deckten es mit einem Tontopf ab und überschichteten es auf einer offenen Feuerstelle mit glühender Holzkohle. So blieben die Nährstoffe erhalten und wurden nicht mit dem überschüssigen Kochwasser weggegossen.

M3 *Der Römertopf – überliefert aus dem alten Rom*

I	=	1	XX	=	20
II	=	2	XXX	=	30
III	=	3	XL	=	40
IV	=	4	L	=	50
V	=	5	LX	=	60
VI	=	6	LXX	=	70
VII	=	7	LXXX	=	80
VIII	=	8	XC	=	90
IX	=	9	XCIX	=	99
X	=	10	C	=	100
CC	=	200	DCC	=	700
CCC	=	300	DCCC	=	800
CD	=	400	CM	=	900
D	=	500	CMXC	=	990
DC	=	600	M	=	1000

M4 *Römische Zahlen*

53

M1 *Germanen und Römer*

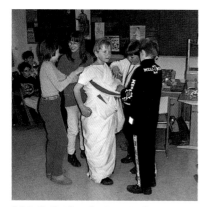

M2 *Schüler beim Anlegen einer Toga*

Info

So kleideten sich Germanen und Römer

Die germanischen Männer trugen lange Hosen, darüber einen kurzen Kittel. An einem Gürtel befestigten sie Kurz- und Langschwert. Die germanischen Frauen kleideten sich mit einem langen Untergewand. Im Winter schützte man sich mit einer Decke. Eine Gewandspange (Fibel) hielt die Decke über der Brust zusammen. Auch die Germanen kannten sandalenartige Schuhe mit Befestigungsriemen.

Römer trugen zur Arbeit und zu Hause ein knielanges, kurzärmliges Hemd (Tunika). Außer Haus legten sie zusätzlich noch ein Wickelgewand (Toga) an. Römerinnen waren ebenfalls mit einem kurzärmligen Hemd sowie einem fußlangen Kleid (Stola) und einem mantelartigen Übertuch (Palla) bekleidet. Frauen und Männer schützten ihre Füße mit farbigen Ledersandalen.

Germanisch-römische Modenschau

Versucht doch mal euch wie Germanen und Römer zu kleiden. Für die Tunika eignet sich ein Bettlaken. Die Toga könnt ihr aus nicht mehr benötigten weißen Gardinen zuschneiden. Diese haben ähnliche Eigenschaften wie teurer weicher Stoff. Für germanische Kleider verwendet ihr Kartoffelsäcke, Wolldecken, enge Hosen und für die Schuhriemen einfache Textilbänder. Die Fibel gestaltet ihr am besten aus einer kleinen Holzscheibe, auf die ihr eine Sicherheitsnadel klebt. Vielleicht kann euch die Lehrkraft für Werken und textiles Gestalten helfen.

M3 *So legst du eine Toga an*

Aufgabe

1 a) Zeichne das germanische und das römische Paar in dein Heft.
b) Beschrifte die Kleidungsstücke.

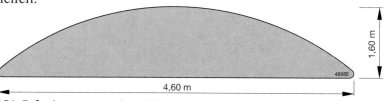

1,60 m

4,60 m

M4 *Schnittmuster einer Toga*

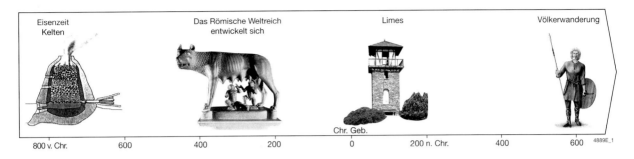

| Eisenzeit Kelten | Das Römische Weltreich entwickelt sich | Limes | Völkerwanderung |

| 800 v. Chr. | 600 | 400 | 200 | Chr. Geb. 0 | 200 n. Chr. | 400 | 600 | 4889E_1 |

Das Wichtigste kurz gefasst:

Entwicklung des römischen Weltreiches

Mit viel Geschick und einer starken Armee errichteten die Römer ein Weltreich mit der Hauptstadt Rom. Weit reichende Handelskontakte sicherten die Versorgung der Bevölkerung. Ein mächtiger Kaiser, Senatoren und Beamte regierten das Reich und Heerführer sicherten die Provinzen. Bürger und Sklaven erwirtschafteten einen hohen Lebensstandard.

Spuren keltischen und römischen Lebens

Seit der Eisenzeit siedelten Kelten in Süddeutschland. Sie wurden 15 v. Chr. von den Römern besiegt. Zur Sicherung ihres Reiches bauten die Römer Kastelle, Straßen und den Limes. Die römische Lebensart breitete sich aus. In einer langen Friedenszeit vermischten sich die Völker. Mit dem Einfall germanischer Stämme endete die Herrschaft der Römer.

Grundbegriffe
- Provinz
- Gladiator
- Limes
- Kastell
- Kaiser
- Senator
- Heerführer
- römischer Bürger
- Sklave
- Kelten
- Germanen
- Römer
- Stadt
- villa rustica
- Märtyrer
- Katakombe
- Amphitheater
- Völkerwanderung

Wandel und Untergang

Die Christen lehnten den Glauben an die römischen Götter ab. Römische Kaiser ließen sie deshalb verfolgen und grausam töten. Viele Christen blieben aber trotzdem ihrem Glauben treu. Kaiser Konstantin erlaubte schließlich im gesamten Römischen Reich die freie Wahl der Religion.

Mit dem Vordringen der Hunnen begann die Völkerwanderung der Germanen. Das Weströmische Reich zerbrach. Das Oströmische Reich konnte sich gegen die Germanen besser wehren und blieb bis 1453 n. Chr. bestehen.

Trotz des Unterganges des römischen Reiches begegnen uns die Spuren der Römer fast täglich. Römische Bauwerke und römische Zahlen haben bis heute Bestand. Lateinische Wörter wurden als Lehnwörter ins Deutsche übernommen. Verschiedene bekannte Obst- und Gemüsesorten gehen auf die Römerzeit zurück.

M1 *Immenstadt*

Bayern im Überblick

Aufgaben

1 In welcher Landschaft Bayerns lebst du (M1; Atlas, Karte: Bayern – Landschaften/physische Übersicht)?

2 Welche der Ziffern ① – ⑦ passt zu den einzelnen Fotos dieser Seite? Schreibe die Bildunterschriften in dein Heft und ordne die Ziffern den Landschaftsnamen zu. Zum Beispiel: Segelfliegen in der Rhön.
① Rhön

„Gewusst wo" in Bayern?
In Bayern gibt es viele interessante Ziele für einen Tagesausflug: Alpen, Alpenvorland, das Schichtstufenland der Fränkischen Alb, die Berge der Mittelgebirgsschwelle nördlich der Donau sowie Schlösser, Burgen und schöne Städte.
Bei oder in welchen Städten liegen die Landschaften und Ausflugsziele (a – o) der folgenden Karte? Benutze die Bayern-Karte im Atlas.

Wanderer am Großen Arber

Segelfliegen in der Rhön

Altwasser der Donau

Bayerischer Löwe
im Hafen Lindau

1 – 7 Aufnahmeorte der Fotos (Landschaften/Regionen)

a – o Ausflugsziele, Sehenswürdigkeiten
B. Al. und ihre Standorte

58

a berühmtes Reiterstandbild im Dom, **b** Besuch einer Porzellanfabrik, **c** Festspielstadt der Opern von Richard Wagner, **d** weltberühmter Christkindlesmarkt, **e** bekannter Kurort, **f** alte Universitätsstadt, **g** trichterförmige Landschaft nach Meteoriteneinschlag, **h** wunderschöne mittelalterliche Stadt, **i** hier mündet der Inn in die Donau, **j** auf ins Olympiastadion, **k** Neuschwanstein, ein Märchenschloss König Ludwigs II., **l** mit der Seilbahn zum Zugspitzgipfel, **m** berühmtes Rathaus, **n** Besuch in dieser Burgenstadt, **o** Wallfahrtsort.

Mia gfoits in Bayern.

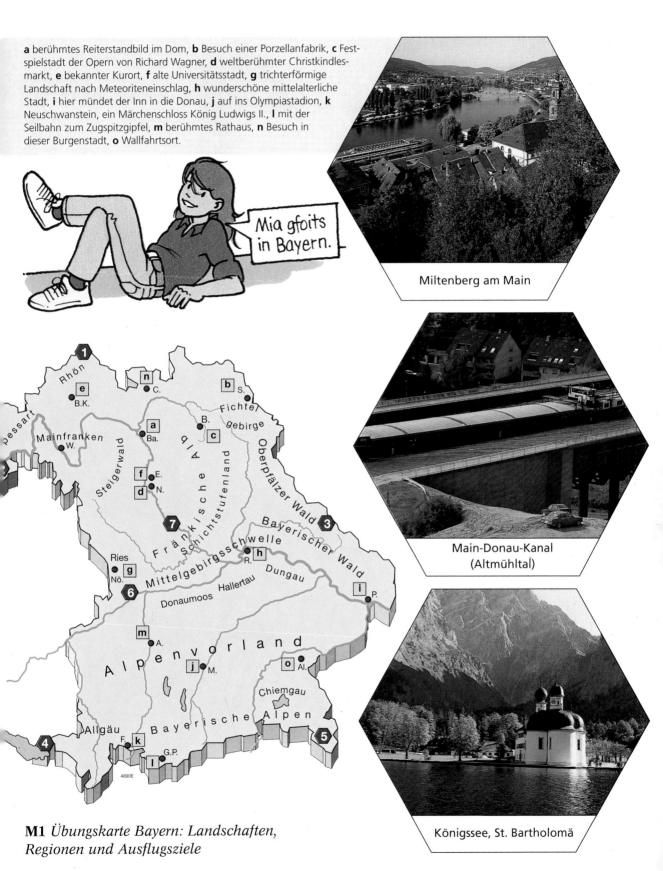

Miltenberg am Main

Main-Donau-Kanal
(Altmühltal)

Königssee, St. Bartholomä

M1 *Übungskarte Bayern: Landschaften, Regionen und Ausflugsziele*

Das große Bayern-Spiel

Schaut euch die Spielzeichen und die große Spieltabelle an. Alle 36 Spielfelder stellen euch eine Aufgabe, die ihr mithilfe der beiden Karten rechts und eures Atlas lösen könnt.

Gespielt wird mit einem Zahlen- und einem Buchstabenwürfel. Beklebt dazu einen Würfel mit Klebepunkten und schreibt die Buchstaben A bis F auf die Würfelseiten.

Und schon kann das Spiel beginnen – allein, zu zweit oder in der Gruppe. Die Würfel stellen euch die Aufgaben. Die Spielregeln und Gewinnpunkte könnt ihr selbst festlegen.

Aufgabe

1 Erstelle zu M4 eine Liste. Trage die Gebirge, Flüsse, Berge, Städte sowie einen Kanal ein (Atlas, Karte: Bayern – Landschaften, physische Übersicht).

Spielzeichen	Gebirge	Fluss	Smiley	Reg.-Bezirk	Berg
		～	☺ 1 Glückspunkt	■ W.	▲

	1	2	3	4	5	6
A	☺	(1)	▲ 1121m	■ M.	j	(8)
B	e	■ An.	a	(7)	(3)	m
C	(2)	f	(6)	k (Kanal)	■ Au.	▲ 1456m
D	■ B.	☺	b	■ R.	g	■ L.
E	▲ 2224m	(5)	☺	▲ 2713m	☺	i
F	(9)	▲ 1051m	■ R.	d	(4)	▲ 2962m

M1 *Spieltabelle zum großen Bayern-Spiel*

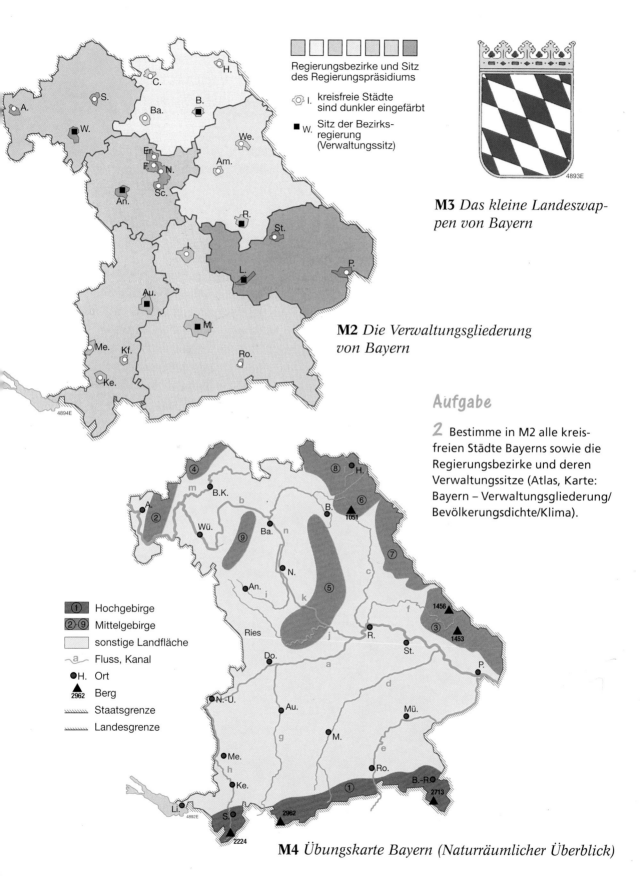

Regierungsbezirke und Sitz des Regierungspräsidiums

🖉 I. kreisfreie Städte sind dunkler eingefärbt

■ W. Sitz der Bezirks-regierung (Verwaltungssitz)

4893E

M3 *Das kleine Landeswap-pen von Bayern*

M2 *Die Verwaltungsgliederung von Bayern*

Aufgabe

2 Bestimme in M2 alle kreis-freien Städte Bayerns sowie die Regierungsbezirke und deren Verwaltungssitze (Atlas, Karte: Bayern – Verwaltungsgliederung/ Bevölkerungsdichte/Klima).

① Hochgebirge
②–⑨ Mittelgebirge
☐ sonstige Landfläche
～a～ Fluss, Kanal
●H. Ort
▲ Berg
2962
⠿⠿⠿ Staatsgrenze
⠿⠿⠿ Landesgrenze

M4 *Übungskarte Bayern (Naturräumlicher Überblick)*

61

M1 *Viehwirtschaft*

Landwirtschaft in Bayern

Landwirtschaft wird in jeder Region Bayerns betrieben. Die meisten Bauernhöfe sind Familienbetriebe.

Die Erzeugung von Nahrungs- und Futtermitteln ist die Hauptaufgabe der Landwirte. Sie befassen sich entweder mit **Ackerbau** (der Bewirtschaftung des Bodens) oder mit der **Viehwirtschaft** (Rinder, Schweine, Hühner, Schafe ...).

Besonders gute Bodenverhältnisse, Oberflächenformen oder ein besonders geeignetes Klima führen oft zu einer **Spezialisierung** der Landwirte. Es gibt in Bayern Regionen, für die bestimmte landwirtschaftliche Produkte typisch sind: In Unterfranken wächst Wein an den Hängen des Maintals, in Niederbayern finden wir im Gäuboden Zuckerrübenanbau, in Schwaben liegt das Allgäu mit seiner Milchwirtschaft, in der Hallertau (Oberbayern / Niederbayern) wird Hopfen für die Bierherstellung angebaut.

In Bayern werden mehr landwirtschaftliche Produkte erzeugt als benötigt werden. Deshalb werden für 4 Milliarden Euro jährlich Waren in andere Länder verkauft. Käse, Milch, Fleisch, Zucker und Hopfen stehen dabei an erster Stelle. Trotzdem haben die bayerischen Bauern Probleme. Viele Familien können von der Landwirtschaft allein nicht mehr leben. Die Zahl der landwirtschaftlichen Betriebe nimmt ständig ab. Vor 150 Jahren lebten noch drei Viertel der Einwohner Bayerns von der Landwirtschaft. Heute ist es nur noch ein Zwanzigstel.

Aufgaben

1 Ordne die Abbildungen 1–4 den Zeichen in der Legende zu. Suche die entsprechenden Gebiete auf der Karte.

2 a) Mit welchen Zeichen sind im Atlas (Karte: Bayern – Landwirtschaft) gute Ackerböden, Zuckerrüben und Grünland dargestellt?
b) Wo sind die besten Ackerböden in Bayern? Beschreibe die Lage möglichst genau. Welche Flüsse, Gebirge, Städte befinden sich in der Nähe?

3 Welche landwirtschaftlichen Produkte werden in deiner Heimatregion vorwiegend erzeugt? Erkundige dich.

4 Woher kommen die landwirtschaftlichen Produkte, die bei euch verwendet werden? Bei Milch, Käse, Zucker, Butter, Wurst, Fleisch, Gemüse ist oft der Hersteller angegeben. Bringe Packungsaufkleber mit. In eine große Bayernkarte könnt ihr die Etiketten an der richtigen Stelle aufkleben.

M2 *Rübenvollernter*

M3 *Weinberge in Escherndorf*

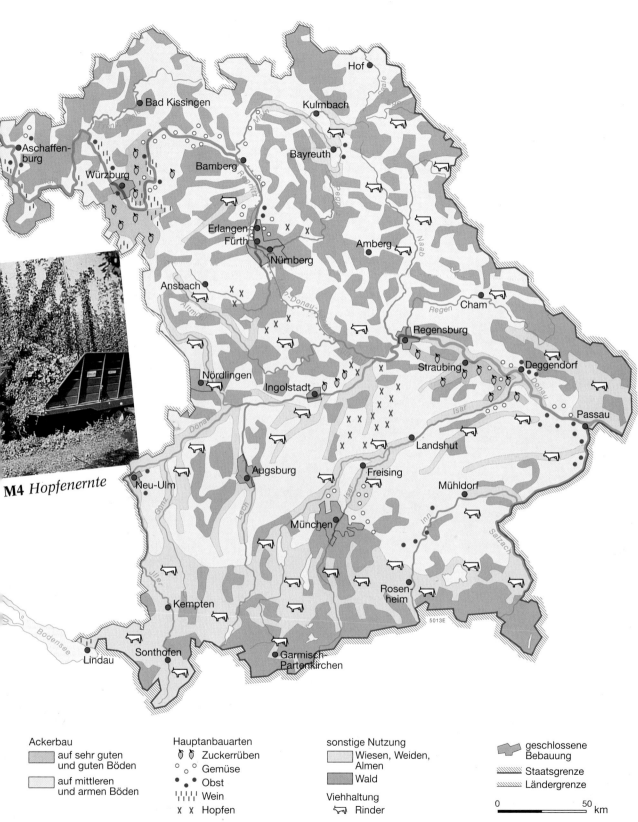

M4 *Hopfenernte*

M5 *Bayern – Landwirtschaft*

Ackerbau
- auf sehr guten und guten Böden
- auf mittleren und armen Böden

Hauptanbauarten
- 🍠🍠 Zuckerrüben
- ○ ○ Gemüse
- • • Obst
- ꜒꜒꜒꜒ Wein
- x x Hopfen

sonstige Nutzung
- Wiesen, Weiden, Almen
- Wald

Viehhaltung
- 🐄 Rinder

geschlossene Bebauung

Staatsgrenze

Ländergrenze

0 _____ 50 km

63

„Welches ABEC hast denn du?"

Wenn du diese Frage hörst, dann bist du in eine Gruppe von Skatern geraten. Sie fachsimpeln gerade über die acht kleinen Kugellager, die ihren Sportgeräten den richtigen Schwung verleihen. So unterschiedlich wie die Fahrer sind auch die Kugellager. Es gibt Fahrer, die auf der Straße möglichst reibungslos gleiten wollen und solche, die auf Rampen und Geländern Kunststücke üben. Der Einsatzbereich entscheidet über das Kugellager. Die innere Konstruktion, die Schmierung und die Abdichtung müssen der jeweiligen Anforderung entsprechen.

Der Sport Inline-Skaten kommt aus den USA, Qualitätskugellager aus Bayern, genauer gesagt vom Industriebetrieb SKF aus Schweinfurt. SKF (**S**chwedische **K**ugellager**f**abriken) ist ein weltweit arbeitender **Konzern** mit 90 Werken und 41 000 Mitarbeitern in 130 Ländern der Erde. Die Zentrale befindet sich in Göteborg (Schweden). Kugellager aus Schweinfurt sind nicht nur in Inlineskates eingebaut, sondern auch in Autos, Lokomotiven, Kameras, Raumschiffen, Staubsaugern und vielen anderen Geräten und Maschinen.

M1 *Inline-Skaterin in Aktion*

Aufgaben

1 a) Welche Zeichen sind bei Schweinfurt in der Karte (M4) eingetragen?
b) Was bedeuten sie?
c) Welches Zeichen gehört zur Firma SKF? Begründe!

2 Lege eine Tabelle an. Trage in die erste Spalte die Städte Erlangen, Fürth, Nürnberg und Schweinfurt ein. In der zweiten Spalte notierst du bis zu drei Industriezweige, die in der Karte (M4) eingetragen sind.

Info

Kugellager

Bauteil, das die Reibung zwischen den beweglichen Teilen vermindert. Kugellager bestehen aus einem inneren Ring, einem äußeren Ring, einer Anzahl von Rollelementen und einem Gehäuse. Die meisten Kugellager sind aus Stahl.

5043E

Wieviel ist ein Tausendstel Millimeter?

Kugellager müssen äußerst genau laufen. ABEC ist eine Bezeichnung für die Laufgenauigkeit. Je höher das ABEC, desto genauer läuft das Kugellager. Damit ein Kugellager noch die Bezeichnung ABEC 5 erhält, darf die

Menschliches Haar
(0,05 mm)

Ein Tausendstel
Millimeter
(0,001 mm)

SIEMENS

Firma	Siemens Medizintechnik
Ort	Erlangen
Industriezweig	Maschinenbau
Produkte	Röntgengeräte, Magnetresonanzgeräte
Abnehmer der Produkte	Krankenhäuser und Arztpraxen in aller Welt
Zahl der Beschäftigten	in Erlangen 4 800 weltweit 21 400
Besonderheiten	lange Tradition, Forschungszentrum, gut ausgebildete Mitarbeiter

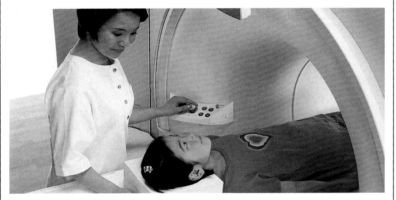

M2 *Untersuchungsgerät*

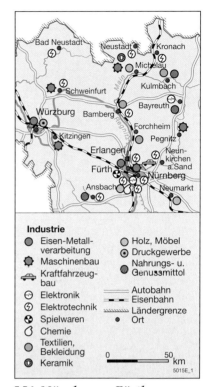

Industrie

- Eisen-Metall-verarbeitung
- Maschinenbau
- Kraftfahrzeug-bau
- Elektronik
- Elektrotechnik
- Spielwaren
- Chemie
- Textilien, Bekleidung
- Keramik
- Holz, Möbel
- Druckgewerbe
- Nahrungs- u. Genussmittel

Autobahn
Eisenbahn
Ländergrenze
Ort

0   50 km

5015E_1

M4 *Nürnberg – Fürth – Erlangen*

FABER-CASTELL

since 1761

Firma	Faber-Castell
Ort	Stein bei Nürnberg
Industriezweig	Holz, Papier, Druckgewerbe
Produkte	Stifte, Zeichengeräte
Abnehmer der Produkte	Privatpersonen, Großhandel, Betriebe
Zahl der Beschäftigten	in Nürnberg 812 weltweit 5 600
Besonderheiten	umweltfreundliche Produktionsverfahren, größter Anbieter weltweit, gut ausgebildete Mitarbeiter

M3 *Bleistiftproduktion*

Wirtschaftsraum
Nürnberg – Fürth – Erlangen

Die Region gehört mit 2 Mio. Einwohnern und einer hohen Wirtschaftskraft zu den zehn großen Wirtschaftsräumen in Deutschland. In der Industrie nimmt die Zahl der Arbeitsplätze ab (Deutschland 1974: 62 von 100 Arbeitsplätzen, 2002: 39). In Dienstleistungsbetrieben werden neue Arbeitsplätze geschaffen (1974: 38, 2002: 61). Besonders viele neue Betriebe siedeln sich hier an oder werden neu gegründet. Dazu tragen günstige Verkehrsverbindungen, ein hoher Freizeitwert und gut ausgebildete Fachkräfte bei. Die größten Arbeitgeber in Mittelfranken sind Siemens mit 33 000, Karstadt-Quelle mit 12 000 und INA-Schäfler mit 9000 Mitarbeitern.

M1 *Schüler drehen einen Film*

Ein Besuch in den Bavaria Filmstudios

Andreas: „Die ‚Bavaria Filmtour' ist am besten!"
Jürgen: „Ich möchte unbedingt die ‚Action Show' sehen!"
Bernhard: „Ich will lieber ins Showscan Kino."
Die Klasse der drei Jungen verbringt einen Tag in den Bavaria Filmstudios in Geiselgasteig bei München. Zuerst konnten sich die Schüler nicht auf einen der vielen Programmpunkte einigen, dann aber hatten sie viel Spaß beim „Filmenden Klassenzimmer". Mit Profis der Bavaria haben sie einen eigenen Film gedreht.

Regisseur, Schauspieler oder Aufnahmeleiter – hier findet jeder seine Lieblingsrolle, wenn es darum geht, den ersten eigenen Liebesfilm mit viel Herz und Schmerz oder aber einen atemberaubenden Krimi zu drehen. Idee, Dreharbeiten, Schnitt, Ton, Nachbearbeitung und Klappe, die Erste: Am Ende des Tages erlebt ihr die Premiere eures Filmes. [7]

Die Bavaria Filmstadt ist aber kein Vergnügungspark. Hier wird gezeigt, wie Filme entstehen. Ein Blick hinter die Kulissen erklärt, wie Atréju auf Fuchur, dem Drachen aus der „unendlichen Geschichte" gefahrlos durch die Luft gleiten konnte. Oder wie ein kleines Becken zum Atlantischen Ozean wird. Stuntmen zeigen in der „Action Show", welch harte Arbeit, Training und höchste Präzision für ihren gefährlichen Beruf nötig sind. Dabei erfahren die Zuschauer auch, warum die Sprünge aus höchster Höhe nicht tödlich sind und woraus Blut und Fensterglas im Film gemacht werden.

Aufgaben

1 a) Betrachte den Lageplan der Bavaria Filmstudios (M2). Welche drei Bereiche interessieren dich am meisten? Begründe deine Wahl.
b) Welche Filmtricks kennst du? Erzähle!

2 a) Welche verschiedenen Bereiche machen München zur Medienhauptstadt Deutschlands?
b) Warum haben viele Zeitungen und Fernsehsender in München ihren Firmensitz?

3 Woran ist die wirtschaftliche, kulturelle und politische Bedeutung Münchens erkennbar? Beschreibe mit eigenen Worten.

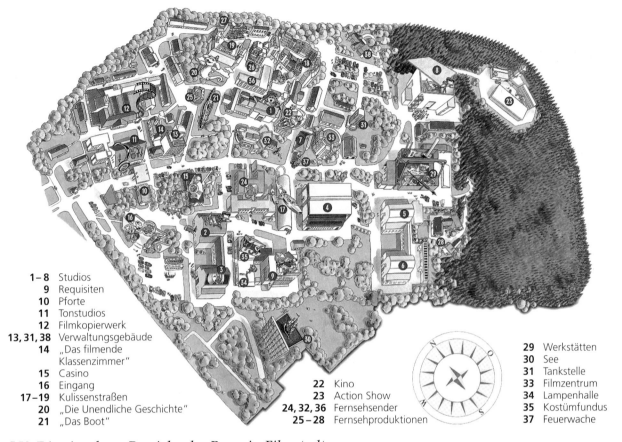

1–8	Studios		29	Werkstätten
9	Requisiten		30	See
10	Pforte		31	Tankstelle
11	Tonstudios		33	Filmzentrum
12	Filmkopierwerk		34	Lampenhalle
13, 31, 38	Verwaltungsgebäude		35	Kostümfundus
14	„Das filmende Klassenzimmer"		37	Feuerwache
15	Casino			
16	Eingang	22	Kino	
17–19	Kulissenstraßen	23	Action Show	
20	„Die Unendliche Geschichte"	24, 32, 36	Fernsehsender	
21	„Das Boot"	25–28	Fernsehproduktionen	

M2 *Die einzelnen Bereiche der Bavaria Filmstadt*

München – Medienhauptstadt Deutschlands

Viele Fernsehproduktionen kommen aus München. Hier werden Tatort-Krimis gedreht, Talkshows und Serien wie „Marienhof" aufgezeichnet. Aber auch viele Kinofilme kommen aus München: „Das Boot", „Die Unendliche Geschichte", „Enemy Mine", „Comedian Harmonists" und andere. Deshalb leben in keiner anderen deutschen Stadt so viele Regisseure, Schauspieler, Kameraleute, Beleuchter oder Stuntmen wie in München. Aber auch Filmkameras (ARRI) aus München sind weltweit bekannt. Über 100 000 Menschen arbeiten im Raum München in 6700 Betrieben der Medienbranche. Dazu gehören Arbeitsplätze bei Zeitungen und Zeitschriften, bei Filmgesellschaften, bei Radio- und Fernsehsendern und in Werbeagenturen.

Gut ausgebildete Mitarbeiter sind auch im Medienbereich die Voraussetzung für Erfolg. München ist führendes Ausbildungszentrum für Medienberufe in Deutschland. Zahlreiche Betriebe bieten Ausbildungsplätze an, vom Buchbinder bis zum Siebdrucker. Ferner befinden sich hier die Hochschule für Fernsehen und Film und die Fachakademie für Fotodesign.

M3 *Veranstaltungshinweise*

67

Strukturwandel

M1 *Blick auf die Allgäuer Alpen*

Die Alpen – Hochgebirge mitten in Europa

Aufgabe

1 Bearbeite die Übungskarte (M2) mithilfe des Atlas (Karte: Alpenländer – physisch) und lege eine Tabelle an:

Staat	Stadt	Fluss	See
Schweiz	Bern	...	...

Die Alpen sind das höchste Gebirge in Europa. Sie erstrecken sich von Frankreich im Westen bis nach Österreich im Osten. Im Alpenraum leben zwölf Millionen Menschen. Jedes Jahr kommen 80 Millionen Urlauber sowie Wochenausflügler und Tagesgäste. Sie besuchen die Alpen als Ski-Touristen, Bergwanderer oder Kletterer. Die Zugspitze (2962 m) ist der höchste Berg Deutschlands. Sie liegt in Bayern.

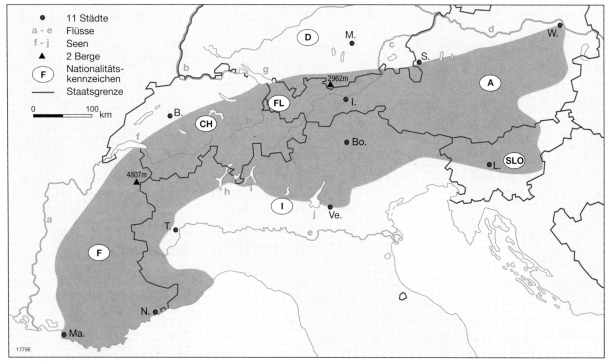

M2 *Übungskarte Alpenraum*

M3 *Auf der Alm*

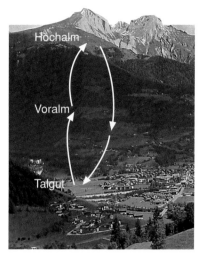

M4 *Viehauftrieb und Vieh-abtrieb*

Almwirtschaft im Wandel

Martin Erzberg ist elf Jahre alt. Er lebt auf einem Bauernhof in der Nähe von Hindelang. Seine Eltern sind Landwirte. Die steilen Hänge und die Lage des Hofes in über 1000 Meter Höhe erlauben keinen Ackerbau. Sie betreiben Viehwirtschaft. Die Weiden im Tal heißen Talgut. Hier weidet das Milchvieh. Das Jungvieh wird im Frühjahr auf die **Alm** oder Alpe zum Weiden getrieben, zunächst auf die Voralm, dann auf die Hochalm. Dort finden die Jungtiere den Sommer über genügend Futter. Im Herbst kehren die Rinder wieder zu den Höfen im Tal zurück, wo sie den Winter im Stall verbringen.

Im Frühjahr hilft Martin seinem Vater beim Almauftrieb. Oben in der Hütte werden sie von seinem älteren Bruder Franz erwartet. Er hütet die Tiere den Sommer über auf der Alm. Es ist recht einsam hier oben. Nur die Bergwanderer bringen Abwechslung in den Tagesablauf von Franz. In der Almhütte ist eine kleine Gaststube eingerichet. Dort bewirtet er Touristen mit Getränken. Über eine Materialseilbahn werden die Kisten nach oben befördert. Franz hat durch den Getränkeverkauf einen kleinen Nebenverdienst. Im Winter arbeitet er mit seinem Vater am Skilift. Die Mutter hilft in dieser Zeit in der Wäscherei eines großen Hotels im Tal. Von dem geringen Verdienst aus der Landwirtschaft allein könnte die Familie heute nicht mehr leben.

Vieles hat sich in den Alpentälern verändert. Einzelne Bergbauern haben ihre abseits gelegenen Höfe verlassen. Man nennt das **Bergflucht**. Dort zeigen sich in der Landschaft schon deutliche Spuren. Die Höfe verfallen und die Almen werden nicht mehr beweidet und verwildern. Man erkennt, welche Bedeutung die Bergbauern für die **Landschaftspflege** haben.

Aufgaben

2 Warum wird nur das Jungvieh auf die Alm getrieben?

3 Berichte über den Weidegang bei der Almwirtschaft.
Benutze die Begriffe Jungvieh, Voralm, Hochalm, die Höhen- und Monatsangaben (M4).

4 Erläutere die Überschrift „Almwirtschaft im Wandel".

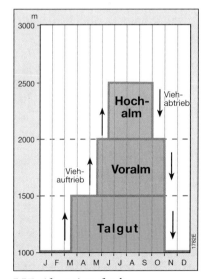

M5 *Almwirtschaft*

69

M1 *Lage von Bad Hindelang*

M3 *Auf dem Jenner (1874 m) in den Bayerischen Alpen*

Vom Geschäft mit den Gästen

Die Touristen geben während ihres Urlaubs in den Alpen pro Jahr rund 25 Mrd. Euro aus. Der Massentourismus hat Dörfer reich gemacht und zahlreichen Familien Wohlstand gebracht. In manchen Gegenden der Alpen ist der Fremdenverkehr der wichtigste Wirtschaftszweig. Einheimische arbeiten in Fremdenverkehrsbüros, Hotels, Restaurants, Eisdielen oder Diskotheken. Andere verdienen ihr Geld als Bergführer und Skilehrer, verleihen Fahrräder oder Schlittschuhe an die Fremden. Ein Teil der Menschen arbeitet nur während der Saison, das heißt in den Monaten, wenn die Zahl der Urlaubsgäste sehr groß ist.

Bad Hindelang (Allgäuer Alpen, rund 60 km westlich von Garmisch-Partenkirchen)

	2003
Einwohner:	4790
Zahl der Gästebetten:	6840
Übernachtungen:	984125
Einnahmen durch den Tourismus:	78 Mio. Euro
Beschäftigte im Tourismus:	1900

Über drei Viertel der Einkommen und Löhne in Hindelang entstehen durch den Fremdenverkehr.

M2 *Einkommensquelle und Arbeitgeber Tourismus*

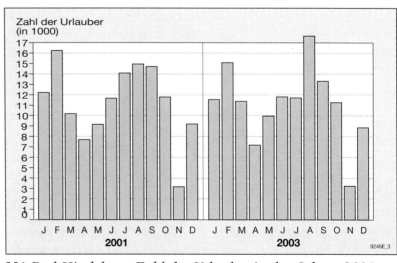

M4 *Bad Hindelang: Zahl der Urlauber in den Jahren 2001 und 2003 nach Monaten*

M5 *Saas Grund in den Walliser Alpen (Schweiz)*

Landschaft in Gefahr?

Zahlreiche Straßen zerschneiden das Hochgebirge und queren auf Betonpfeilern tiefe Schluchten. Breite Skipisten ziehen in Kurven durch Bergwälder. In den Tälern stehen „Hotelburgen", mehrstöckige Appartementanlagen und großzügige Sportzentren. An den Berghängen werden weitere Häuser mit Fernblick gebaut. Die Bodenversiegelung geht unaufhaltsam weiter. Dennoch wollen Tourismusmanager die Zahl der Erholungsuchenden durch attraktive Angebote steigern. Sie versuchen jüngere Menschen mit Trendsportarten wie Mountainbikefahren, Wildwasserfahren oder Gleitschirmfliegen für die Alpen zu begeistern.

Die Alpen – beliebt, benutzt, geschunden

Wanderer pilgern in Scharen auf hohe Gipfel, häufig auf Trampelpfaden abseits der markierten Wege. Über die großen Alpenstraßen rollen am Tag bis zu 100 000 Kraftfahrzeuge. Abgase verpesten die klare Bergluft, Lärm zerreißt die erholsame Stille. Schneisen werden durch die Bergwälder geschlagen und weitere Teerstraßen gebaut, damit die Touristen mühelos die entlegensten Hochtäler erreichen. Busladungen von Touristen werden zu den Seilbahnen und zu den Bergrestaurants gekarrt.

(Nach: Spiegel special Nr. 2/1997)

M8

Fahrradfahrer im Gebirge
• zerstören Pflanzen und stören Tiere, wenn sie abseits der Wege fahren;
• richten Schäden an Wegen an, wenn sie stark bremsen.

Gleitschirmflieger im Gebirge
• beunruhigen Tiere, wenn sie zu niedrig fliegen.

Wildwasserfahrer im Gebirge
• stören brütende Tiere, wenn sie Lärm machen und zu nahe an Kiesbänken vorbeifahren.

M6 *Mögliche Gefahren ausgewählter Trendsportarten*

M7 *Voll im Trend!*

Aufgaben

1 Die Allgäuer Alpen, Kärnten und Südtirol sind beliebte Urlaubsgebiete. Zu welchen Ländern gehören sie (Atlas)?

2 Bad Hindelang hat eine kurze Wintersaison und eine längere Sommersaison. Nenne mögliche Gründe (Atlas, M4).

3 Berichte über die Folgen des Tourismus für Natur und Landschaft (M1 und M3 bis M8).

71

Skitourismus zerstört die Alpenhänge

Umweltschützer sehen im zunehmenden Skitourismus eine große Gefahr für die Landschaft sowie die Tier- und Pflanzenwelt der Alpen. Schwere Pistenraupen pressen den Schnee so zusammen, dass er möglichst lange liegen bleibt. Viele Pflanzen sterben dadurch ab. Sie können die harte Schneedecke nicht durchdringen. Im Frühjahr spülen Schmelzwasser und Regen den ungeschützen Boden weg. Schlamm und Geröll stürzen ohne Halt zu Tal und richten oft große Verwüstungen an. Um Abfahrten bis in die Täler zu ermöglichen, wurden für die Skifahrer breite Pisten in die Bergwälder geschlagen. Doch wo der Wald fehlt, nimmt die Lawinengefahr zu. Denn die meisten Bergwälder sind Bannwälder. Sie halten Lawinen auf.

M1 *Schneekanone*

Stürmische Talfahrt

Wenn auf steilen Berghängen viel Neuschnee fällt, liegt er oft locker auf einer festen Altschneedecke. Dann ist die Lawinengefahr besonders groß. Oft genügen ein Tritt oder eine Erschütterung und eine Lawine geht zu Tal. Oberhalb von Ortschaften und Straßen werden deshalb Lawinenverbauungen angebracht. An manchen Hängen werden durch Sprengungen mit Dynamit künstliche Lawinen ausgelöst. Den wirksamsten Schutz jedoch bieten immer noch die Bannwälder.

M2 *Ökoseilbahn*

Ohne Wald kein Halt

M3 *Warnschild*

M4 *Lawinenverbauung*

M5 *Eine Lawine donnert zu Tal*

M6 *Ein Skihang im Sommer*

Maskenball im Hochgebirge

Das Gebirge machte böse Miene.
Das Gebirge wollte seine Ruh.
Und mit einer mittleren Lawine
deckte es die blöde Bande zu.
Dieser Vorgang ist ganz leicht
erklärlich.
Der Natur riss einfach die Geduld.
Andere Gründe gibt es hierfür
schwerlich, den Verkehrsverein
trifft keine Schuld.

(Erich Kästner)

M7

Geröll wälzt sich zu Tal

Bayrischzell, 25. November 1996: Eine der größten Muren im bayerischen Alpenraum hält die Bevölkerung im Landkreis Miesbach in Atem. An der Nordseite des Miesing hatten sich in etwa 1300 Meter Höhe auf einer Breite von bis zu einem halben Kilometer riesige Mengen an Gestein, Geröll und Pflanzen gelöst. Zeitweise bewegten sich die Geröllmassen pro Stunde mehr als fünf Meter talabwärts. Insgesamt hat die Mure bereits 800 Meter zurückgelegt. Ein Behördensprecher erklärte: „Die Bevölkerung ist nicht gefährdet. Wanderer und Wintersportler sollen das Gebiet jedoch meiden." Mehrere Forstwege sind bereits verschüttet. Eine Forstdienststelle musste geräumt werden.   [8]

Die Berge müssen Atem holen

Fast überall in den Alpen versuchen die Gemeinden, den Tourismus umweltfreundlich zu gestalten. Neue Skilifte und Abfahrten dürfen nur nach strenger Prüfung gebaut werden. Weiterhin wurden zum Schutz der Alpen große Naturparks eingerichtet. Hier steht die Landschaft unter Schutz und darf nicht durch neue Freizeitangebote weiter belastet werden.

Aufgaben

1 Berichte über die Aufgaben der Bannwälder.

2 Welche Folgen hat der Einsatz von Pistenraupen:
a) für die Menschen (M1 und 4);
b) für die Pflanzen (Text);
c) für die Gemeinden (M3 und 4)?

3 Berichte über die Mure im Landkreis Miesbach (Zeitungsartikel).

4 Sprecht in der Klasse über das Gedicht von Erich Kästner (M7).

5 Welche Maßnahmen werden von den Gemeinden unternommen um die Alpen zu schützen?

73

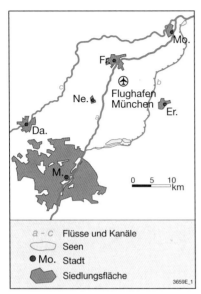

M1 *Übungskarte: Erdinger Moos*

Info

Torf

Ein wichtiger Bodenschatz im Erdinger Moos war der Torf. Torf entsteht in Mooren, wenn sich Tier- und abgestorbene Pflanzenreste ohne Zufuhr von Luft nicht vollständig im wasserreichen Boden zersetzen („vertorfen").

Aufgaben

1 a) Bearbeite die Übungskarte (M1 und Atlas, Karte: Bayern – physisch).
b) Ermittle die Länge und Breite des Erdinger Mooses (M1).

2 a) Wie und wovon haben die Menschen im Erdinger Moos früher gelebt (siehe Text und M2)?
b) Beschreibe den Vorgang des Torfabbaus (Text).

Leben früher

Georg Irl stammt aus Eitting im Erdinger Moos. Er besaß früher einen Bauernhof. Er berichtet:
„Ich wurde 1930 im Erdinger Moos geboren. Damals arbeiteten die meisten Menschen hier in der Landwirtschaft. Mein Vater hatte einen Bauernhof mitten im Moorgebiet. Hier war nur Weidewirtschaft möglich. Um Ackerland zu gewinnen, haben wir begonnen, das Moor trockenzulegen. 1959 habe ich den Hof von meinem Vater übernommen. Im Stall versorgten wir 15 Milchkühe, 4 Kälber und 6 Schweine. Daneben gab es noch Hühner, Gänse, Ziegen und zwei Pferde als Zugtiere. Für das Vieh wurde auf den Äckern Futtergerste, Hafer und Klee angebaut. Daneben bauten wir noch Weizen, Roggen und Zuckerrüben an. Die meisten unserer landwirtschaftlichen Erzeugnisse verkauften wir auf dem Viktualienmarkt in München, wo wir gute Preise erzielten."

Info

Das Erdinger Moos

Die ebene Landschaft nordöstlich von München heißt Erdinger Moos. Ein Moor heißt im süddeutschen Raum auch „Moos" (Erdinger Moos) oder „Ried". Ein Moor entsteht immer dort, wo mehr Wasser (Niederschlag, Grundwasser) auftritt als abfließt oder versickert. Im Erdinger Moos sammelte sich unterirdisch Wasser, das von den Alpen her abfloss.
Die Landschaft liegt etwa 480 Meter über dem Meeresspiegel und ist gekennzeichnet durch einen ständigen Wechsel von Grünland und Ackerland.

Der Torfabbau im Erdinger Moos

Georg Irl aus Eitting berichtet weiter: „Bei uns in der Gegend gab es auch viele Leute, die vom Torfabbau lebten. Um Torf abbauen zu können, musste der Boden zunächst mithilfe von Entwässerungsgräben trockengelegt werden. Das Torfstechen war eine anstrengende und schmutzige Arbeit unter freiem Himmel. Das war reine Männerarbeit. Sie entfernten zunächst die Bodendecke. Dann stachen sie mit dem rechteckigen Stecheisen, das auf einer Längsseite offen war, die ziegelsteinförmigen Torfstücke heraus. Die Torfschicht war bis zu zwei Meter dick. Die Frauen schichteten die Torfstücke dann auf einen Karren und bauten sie vor den Torfhütten zu kleinen Türmen auf. Den trockenen Torf lagerten wir in einer Hütte. Als Heizmaterial konnten wir den getrockneten Torf gut verwenden, weil es bei uns kaum Wald gab."

M2 *Torfstecher mit Stecheisen*

M3 *Brotzeit bei der Torfhütte*

M4 *Der Hof von Georg Irl (um 1970)*

M5 *Feldarbeit um 1960*

M6 *Pferdegespann der Familie Irl vor der Hofeinfahrt*

M7 *Das Leben früher im Erdinger Moos*

Jahr	Einwohner
1987	408 000
2000	505 000

Jahr	Anzahl der landwirt-schaftlichen Betriebe
1985	2 500
1994	1 200
2002	800

Jahr	Beschäftigte
1994	15 500
2000	20 200
2004	26 100
2010	40 000 (Schätzung)

Arbeitsplätze am Flughafen im Dienstleis-tungsbereich (z. B. Luftfahrtgesellschaften, Gastronomie, Behörden, Flughafenbetrieb, Speditionen und Geschäften)

M1 *Daten zum Flughafen und zum Einzugsbereich/ Landkreis Erding*

M2 *Parkplätze Irl*

Flughafen München – Bayerns Tor zur Welt

Am 17. Mai 1992 wurde der neue Flughafen München „Franz-Josef-Strauß" im Erdinger Moos eröffnet. In der Folge wuchs die Bevölkerungszahl ständig und neue Betriebe siedelten sich an, z. B. Luftfahrtgesellschaften, Speditionen, Behörden, Reise-büros, Hotels und andere Geschäfte.

Georg Irl erzählt:

„Der Flughafen benötigte eine riesige Fläche. Viele Landwirte gaben ihr Land auf und erhielten Geld dafür. Manche zogen aus der Gegend weg und siedelten sich an anderen Orten an. Auch für meine Familie lohnte sich die Landwirtschaft nicht mehr. Unsere Anbaufläche war zu klein. Wir wollten aber nicht umziehen. Der neue Flughafen hat uns geholfen neu anzufangen. Wir legten Parkplätze für 1000 PKW an und ver-mieteten Fremdenzimmer. Heute haben wir 50 Angestellte und transportieren mit 10 eigenen Kleinbussen die Fluggäste zum Flugplatz. Der Bau des Flughafens hat unser Leben ver-ändert."

Aufgaben

1 Erkläre den Info-Text mithilfe von M1.

2 Wie hat sich das Leben der Familie Irl verändert? Erläutere (Text und M2).

3 Vergleiche die beiden Karten (M3 und M4). Welche Verände-rungen stellst du fest?

4 Manche Leute sagen: „Der Flughafen ist ein ‚Fremdkörper' im Erdinger Moos."
Betrachte M4 und nimm Stellung.

5 Nicht alle Bewohner im Erdin-ger Moos sind vom Flughafenneu-bau begeistert.
Schreibe mögliche Gründe auf.

Info

Strukturwandel

Die Wirtschaft eines Landes oder einer Region durchläuft manchmal einen Strukturwandel. Dabei verlieren einzelne, bisher wichtige Wirtschafts-bereiche (z. B. die Landwirtschaft) an Bedeutung. Gleichzeitig gewinnen andere oder neue Wirtschaftszweige (z. B. Dienstleistungen) an Bedeu-tung. Ein solcher Strukturwandel hat dabei Auswirkungen auf die Land-schaft, Arbeitsplätze, Siedlungs- und Verkehrsflächen.

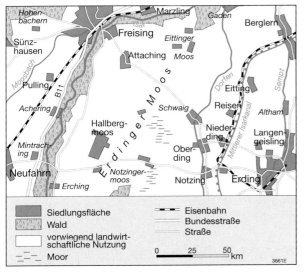

M3 *Erdinger Moos 1950*

M4 *Erdinger Moos heute*

M5 *Luftbild vom Flughafengelände*

Thematische Karten

M1 *Grenzübergang*

![Map of Bavaria]

Legend:
- ⬡ kreisfreie Städte sind dunkler eingefärbt
- ● Sitz der Bezirksregierung (Verwaltungssitz)
- ○ Landeshauptstadt
- 〰〰 Staatsgrenze
- 〰〰 Ländergrenze
- ── Regierungsbezirksgrenze
- ── Kreisgrenze

M2 *Bayern – politisch*

Bayern – ein Land in Deutschland

Wenn du aus den Ferien im Ausland nach Deutschland zurückkommst, kannst du an der Grenze gleich mehrere Schilder sehen (M1).

Bayern ist eines von 16 Bundesländern in Deutschland. Weil Deutschland aus Bundesländern besteht, heißt es Bundesrepublik Deutschland. Jedes Bundesland hat eine eigene Landesregierung, eine Landeshauptstadt, eine eigene Polizei und ein eigenes Schulsystem.

Daniela wohnt in Diespeck. Das ist ihre Heimatgemeinde. Sie wohnt aber gleichzeitig auch im Landkreis Neustadt an der Aisch (Autokennzeichen NEA). Dieser Landkreis ist Teil des Regierungsbezirks Mittelfranken. Mittelfranken ist ein Teil Bayerns. Bayern ist ein Bundesland Deutschlands, Deutschland ein Teil der Europäischen Union. Daniela wohnt also gleichzeitig in sechs unterschiedlich großen Gebieten.

Aufgaben

1 Vier deutsche Bundesländer und zwei Staaten grenzen an Bayern an (Atlas, Karte: Bayern – Landschaften).
a) Wie heißen sie?
b) Nenne die dazugehörigen Hauptstädte.

2 Miss die kürzeste Entfernung von deinem Wohnort zum nächstgelegenen Bundesland/zum nächstgelegenen Staat. Wie viele Kilometer musst du bis zur Grenze fahren?

3 In welchen Städten Bayerns werden Automobile produziert?

M3 *Bayern – Wirtschaft*

Industrie

Eisen- und Stahlerzeugung	Kraftfahrzeugbau
Aluminiumverhüttung	Schienenfahrzeugbau
Eisen-, Metallverarbeitung	Elektronik
Maschinenbau	Elektrotechnik
Luft-, Raumfahrzeugbau	Feinmechanik, Optik
	Schmuckwaren
Chemie, Kunststoffe	Spielwaren
Erdölraffinerie	Holz, Möbel
Textilien, Bekleidung	Zellulose, Papier
Lederwaren	Druckgewerbe
Keramik	Nahrungs- und Genussmittel
Glas	Autobahn
Porzellan	Eisenbahn

Staatsgrenze
Ländergrenze
• Ort

Hier wohne ich überall!		
Name: _____		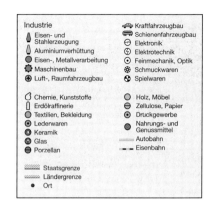
Einheit	**Name**	**Wappen / Flagge**
Gemeinde	Diespeck	
Landkreis	Neustadt an der Aisch – Bad Windsheim	
Regierungsbezirk	Mittelfranken	
Bundesland	Bayern	
Staat	Deutschland	
Staatenbund	Europäische Union	

Aufgaben

4 Lege Transparentpapier auf die Karte und umfahre drei Gebiete, in denen besonders viele Industrien vorhanden sind. Schreibe die Namen der Städte dazu.

5 Suche Danielas Heimatgemeinde Diespeck im Atlas (Karte: Bayern – nördlicher Teil).
a) Wie weit ist es von da bis zur Kreisstadt Neustadt a. d. Aisch?
b) Wie weit ist es in die Regierungsbezirkshauptstadt Ansbach?
c) Lege eine Tabelle wie Daniela an. Wo wohnst du überall?
d) Welche Angaben sind bei Daniela und dir gleich, welche unterscheiden sich?

Wiederholen und vertiefen

Nicht London, Paris oder Berlin: In München hat das japanische Mobilfunkunternehmen DoCoMo seine Europa-Zentrale platziert. Geschäftsführer Kohei Satoh lobt München als idealen Standort, weil es hier viele Softwarefirmen mit neuen Ideen gibt; dazu exzellente Universitäten und Forschungsinstitute und jede Menge Nachwuchs. „Das wichtigste Kapital für Hightech-Unternehmen sind junge, gut ausgebildete Menschen", sagt Satoh.

(Nach: Süddeutsche Zeitung vom 15./16.12.01)

M1

M2 *Hightech-Produkte, gesteuert von Chips*

- **Siemens AG**
  (Telefone, Computer, Lokomotiven, medizinische Geräte)
- **Infineon**
  (zweitgrößter Chiphersteller Europas)
- **Apple Computer Deutschland**
  (Computer)
- **IBM Deutschland**
  (Großcomputer)
- **Texas Instruments**
  (Taschenrechner)

- **BMW – Bayerische Motorenwerke**
  (Autos und Motoren)
- **MTU – Motoren- und Turbinenunion**
  (Turbinen für Kraftwerke)
- **Biogen**
  (Medikamente, Impfstoffe)
- **Roche Diagnostics**
  (Medizintechnik)

M3 *Ausgewählte Hightech-Firmen in München*

Aufgaben

1 Erläutere den Begriff Standortfaktor (Info-Text, M4, M6).

2 Stralsund, Rostock, Wismar, Lübeck, Hamburg, Bremerhaven:
a) Welcher Industriezweig ist an allen Standorten vertreten (Atlas, Karte: Deutschland – Wirtschaft)?
b) Versuche, dafür eine Begründung zu geben.

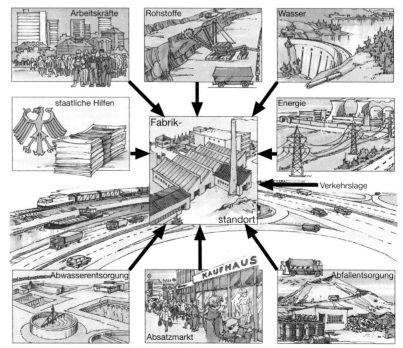

M4 *Standortfaktoren der Industrie (Auswahl)*

Wo siedeln sich Firmen an?

Deutschland gehört zu den wichtigsten Industrieländern der Erde. Seine Industriegebiete sind nicht zufällig entstanden, sondern weil es hier bestimmte **Standortfaktoren** gab.

Für die Entstehung der ersten Industriegebiete waren die bedeutendsten Standortfaktoren die Vorkommen von Bodenschätzen wie zum Beispiel Kohle und Eisenerz. Sie liegen im Ruhrgebiet, im Saarland und im Gebiet um Halle-Leipzig. Neben den Vorkommen von Bodenschätzen war die Verkehrslage ein wichtiger Standortfaktor.

Heute sind andere Standortfaktoren wichtiger: gut ausgebildete Arbeitskräfte, preiswerte Energie, aber auch das Angebot an Schulen und die Wohnqualität der Region.

Welcome to Munich!

Großstädtisches Lebensgefühl und ländlicher Charme, alpenländische Rauheit und südländischer Glanz, Kunstschätze und Oktoberfest, Brauchtum und Hightech, Biergarten und auserlesene Speisen, Oper und Kunstpark: Diese ganz spezielle Münchener Mischung macht die bayerische Landeshauptstadt zum Anziehungspunkt für gut ausgebildete Arbeitskräfte und Spitzentechnologie aus aller Welt.

M5 *Anzeige aus einer kalifornischen Zeitung [9]*

M6 *Industriegebiet von Dingolfing*

Aufgaben

3 Überlege: Welche Standortfaktoren sind besonders wichtig
a) bei der Ansiedlung einer Chemiefabrik?
b) bei der Ansiedlung einer Fabrik für die Herstellung von Obstkonserven?

4 Der Standort München ist bei Hightech-Unternehmen sehr begehrt. Begründe (M1, M5).

M1 *Großes Bayerisches Staatswappen*

Das Wappen des Freistaates Bayern

Der aufgerichtete goldene Löwe (links oben) im schwarzen Feld steht für den Regierungsbezirk Oberpfalz.

Der „Fränkische Rechen" (rechts oben) zeigt drei weiße Spitzen in einem roten Feld. Sie stehen heute für die Regierungsbezirke Oberfranken, Mittelfranken und Unterfranken.

Links unten im dritten Feld zeigt sich ein blauer Panther auf weißem Grund. Er vertritt heute die Regierungsbezirke Niederbayern und Oberbayern.

Die drei schwarzen Löwen auf Gold stehen für den Regierungsbezirk Schwaben.

Das Rautenschild in der Mitte ist ein bayerisches Wahrzeichen. Es wird offiziell als „Kleines Staatswappen" verwendet. Das ganze Schild wird von zwei goldenen Löwen gehalten.

Aufgaben

1 a) Erläutere die Bestandteile des „Großen bayerischen Staatswappens".
b) Welcher Teil steht für deinen Heimatregierungsbezirk?

2 Sicher hat auch deine Heimatgemeinde ein Wappen. Erkundige dich nach seiner Bedeutung.

3 Wie könnte ein Schulwappen eurer Schule aussehen? Gestalte einen Vorschlag.

Info

Der Löwe als Wappentier

Der Löwe ist ein beliebtes Wappentier. Er steht für Mut, Ausdauer, Kraft und Umsicht. Er wird deshalb auch als König der Tiere bezeichnet. Mehrere Löwen weisen darauf hin, dass dem Träger des Wappens in besonderer Weise die Eigenschaften eines Löwen zugeschrieben werden.

Das Wichtigste
kurz gefasst:

Topographie und politische Gliederung

In Bayern gibt es viele interessante Ausflugsziele. Die Alpen, das Alpenvorland, das Schichtstufenland der Fränkischen Alb sowie die Mittelgebirge nördlich der Donau bilden reizvolle Landschaften. Schlösser, Burgen und schöne Städte laden zu einem Besuch ein. Bayern gliedert sich in die Regierungsbezirke Oberbayern, Niederbayern, Oberpfalz, Oberfranken, Mittelfranken, Unterfranken und Schwaben.

Wirtschaftsräume

In jeder Region Bayerns wird Landwirtschaft betrieben. Die Bauern befassen sich mit Ackerbau und Viehzucht. In Unterfranken wächst Wein an den Hängen des Maintals. In Niederbayern werden im Gäuboden Zuckerrüben angebaut. In Schwaben liegt das Allgäu mit seiner Milchwirtschaft. In der Hallertau wird Hopfen angebaut.

Industrielle Produktionsschwerpunkte in Bayern sind Augsburg, Burghausen, Erlangen, Fürth, München, Nürnberg und Schweinfurt. In den Fabriken werden Produkte in großen Mengen und in vielen Schritten hergestellt. Maschinen helfen bei der Arbeit.

Die Alpen sind das höchste Gebirge in Europa. Sie erstrecken sich von Frankreich im Westen bis nach Österreich im Osten. Bayern hat im Süden einen Anteil an den Alpen. Das bäuerliche Leben in den Alpen ist geprägt von der Almwirtschaft. Viele Berghöfe und Almen werden nicht mehr betrieben. Der Ertrag ist zu gering. Die Höfe verfallen. Die Weiden verwildern. Die Alpen sind im Sommer und im Winter ein wichtiges Ziel für den Fremdenverkehr. Zahlreiche Einrichtungen wie Hotels, Lifte und Bergbahnen wurden für die Gäste geschaffen. Die Bewohner erhielten neue Verdienstmöglichkeiten. Gleichzeitig wurde jedoch der Naturraum belastet. Für die Anlage von Skipisten zum Beispiel wurden große Waldflächen gerodet. Dies führte zu einer größeren Lawinengefahr.

Grundbegriffe
- Ackerbau
- Viehwirtschaft
- Spezialisierung
- Konzern
- Alm
- Bergflucht
- Landschaftspflege
- Standortfaktoren

Bayern – eine Region in Deutschland

Bayern ist eines von 16 Bundesländern in Deutschland. Es ist gegliedert in kreisfreie Städte, Landkreise und Regierungsbezirke. Deutschland ist ein Teil der Europäischen Union.

M1 *Wetttauchen*

Info

Freizeit

Unter Freizeit versteht man die Zeit, die neben Schule, Hausarbeit und Beruf bleibt. Freizeit kann man auf unterschiedliche Weise verbringen: sich erholen, sich bilden, Sport treiben, einem Hobby nachgehen, etwas für die Gesundheit oder für andere tun. Die Menschen haben heute mehr Freizeit als früher. Der Ablauf eines Tages kann deshalb für jeden sehr unterschiedlich sein.

M1 *Nach der Schule*

Aufgaben

1 a) Sprecht über das Bild auf S. 84/85.
b) Sammelt aus Zeitschriften und Zeitungen Bilder zu Freizeitbeschäftigungen und gestaltet zum Thema Freizeit eine Bilderwand.

2 a) Lest das Gespräch „Was machen wir heute Nachmittag?" mit verteilten Rollen.
b) Findet heraus, wer seine Zeit verplant hat und wer nicht.
c) Überlegt: Hat Toni mit der Aussage „Das ist Stress pur" Recht? Begründet.

3 Freizeit oder volles Programm, was wäre dir lieber? Begründe.

Was machen wir heute Nachmittag?

Es ist 13:05 Uhr. Silke, Jens, Nina, Max und Toni stehen an der Haltestelle und warten auf den Schulbus.
Silke: Habt ihr Lust mit ins Hallenbad zu gehen?
Nina: Au ja, ich habe sowieso nichts Besseres zu tun. Da ist mir wenigstens nicht langweilig.
Max: Nee, ich habe heute keine Zeit.
Toni: Ich hätte mal wieder Lust zu schwimmen. Warum kannst du nicht? Was hast du vor?
Max: Ich habe bis 17 Uhr Fußballtraining.
Jens: Ich kann leider auch nicht. Ich muss nachher zum Zahnarzt.
Silke: Also gut, dann gehen wir eben morgen.
Max: Morgen habe ich auch keine Zeit.
Jens: Wann kannst du denn überhaupt? Du hast wohl nie Zeit?
Nina: Komisch, ich habe nie etwas Besonderes vor.
Max: Das verstehe ich nicht. Ich bin fast immer ausgebucht.
Toni: Das ist ja Stress pur! Dann gehen wir halt ohne dich ins Schwimmbad.

Volles Programm oder Freizeit ohne Plan?

Max und Nina sitzen im Schulbus nebeneinander. Gleich, nachdem der Bus losgefahren ist, nimmt Max einen elektronischen Taschenkalender heraus und klappt ihn auf. Nina schaut ihm neugierig über die Schulter.

Nina: Wow, du musst aber viele Termine haben, wenn du schon einen Computer brauchst.

Max: Ja, manchmal wird es mir schon ein bisschen viel, aber ich habe eben jede Menge Interessen.

Nina: Zeig doch mal her, was hast du denn diese Woche im Programm?

Nina: Mann, machst du auch irgendwann mal Hausaufgaben? Mir wäre das alles zu viel!

Max: Das macht doch fast alles Spaß.

Nina: Ich telefoniere am liebsten stundenlang mit meiner Freundin.

Max: Was Mädchen nur immer zu quatschen haben. Dafür ist mir meine Zeit zu schade.

Nina: Aber du hast doch dann kaum Zeit für Freunde.

Max: Doch, Jochen, Peter und Klaus spielen ja mit mir auch Fußball. Karin ist in meiner Judogruppe und bei der Feuerwehr habe ich ebenfalls jede Menge Freunde.

Nina: Ich finde, bei dir läuft die Freizeit nach der Uhr.

Aufgaben

4 a) Stellt euren eigenen Wochenplan auf. Markiert rot, welche Zeit verplant ist, und grün, über welche Zeit ihr frei verfügen könnt. Vergleicht untereinander.
b) Wie sieht der Wochenplan eurer Eltern aus? Vergleicht mit eurem Plan.
c) Welche Zeit verbringt ihr gemeinsam in der Familie? Wie nutzt ihr sie? Erzählt.

5 a) Betrachte das Bild auf S. 84/85. Welche Gedanken gehen dir durch den Kopf, wenn der Unterricht aus ist?
b) Wie gestaltet ihr eine Woche, wenn ihr Ferien habt? Fertigt eine Collage an.

Was ich mit anderen zusammen mache …

Die meisten Kinder und Jugendlichen verbringen ihre Freizeit gerne mit Gleichaltrigen. Sie haben oft die gleichen Interessen, sie wollen gemeinsam Spaß haben, sie haben nach der Schule ähnlich viel Freizeit. Hier stellen sich einige Gruppen vor:

Jede freie Minute verbringen wir auf unseren Mountainbikes. Am liebsten veranstalten wir Wettfahrten. Es ist einfach Spitze quer durch den Wald zu fahren, wo keine Wege sind, wo es bergauf und bergab geht und man auch mal durch einen Bach rasen kann. Da stören einen keine Fußgänger. Man muss keine Rücksicht nehmen. Wir müssen Handschuhe, Helme und Knieschoner tragen, weil wir bei unseren Touren ein ganz schönes Tempo erreichen. Verletzungen sind uncool.

Seit einem Jahr treffen wir uns regelmäßig jeden Freitag in unserer Garage zum Proben. In unserer Band sind ein Schlagzeuger, ein Keyboarder, ein Gitarrist, zwei Sängerinnen und einer, der die Bassgitarre spielt. Wir spielen alles von Hip-Hop über Rock bis Rap. Nur laut muss es sein. Manchmal gibt es Ärger mit den Nachbarn. Dabei ist es doch unsere Garage. Unser Traum wäre ein Fernsehauftritt. Wir bräuchten eigentlich ein besseres Mischpult, aber das ist einfach zu teuer.

Jeden Tag nach der Schule treffen wir uns bei einem Kumpel, der ein großes Zimmer hat. Dort haben wir mehrere Computer vernetzt und natürlich einen Internetanschluss. Wir laden uns immer die neuesten Spiele herunter und spielen gegeneinander. Manchmal können wir gar nicht aufhören. In der Klasse finden das zwar viele doof, aber uns macht das Geschicklichkeitstraining am Computer erheblich mehr Spaß als das Training auf dem Fußballfeld. Schließlich lernen wir dabei etwas.

… Was ich gerne mit anderen machen würde.

mit Freunden
Zelten

ans Meer
fahren

Akrobatik

mit der Klasse
Ski fahren

ein Floß bauen
und damit auf dem
Fluss rumschippern

Kegeln

beim Bund
für Naturschutz
mitarbeiten

ins Kino
gehen

Aber:

★ Eltern

★ Angebot

Bergsteigen

eine Party
feiern

★ Geld ★ Alter

★ Zeit ★ Gefahr

mit Freunden einen
Freizeitpark besuchen

★ Umwelt

★ Gesundheit

in einer Seehundaufzucht-
station mitarbeiten

Aufgabe

1 a) Ordne die Wünsche nach
deiner Meinung von wichtig bis
unwichtig.
b) Diskutiert eure Ergebnisse.
c) Ergänzt die Spalten mit eigenen
Ideen.
d) Die roten „Aber" machen es
nicht leicht, deine Wünsche zu
verwirklichen. Wie könnte es
trotzdem gelingen?

in der Gruppe in
die Stadt gehen

…

89

☆ Welcher Freizeittyp bist du? ☆

Nicht immer kannst du deine Freizeit zusammen mit anderen verbringen. Viele Mädchen und Buben langweilen sich dann. Damit es dir nicht so geht, sollst du genau überlegen, was dir in deiner Freizeit wichtig ist.

Der Test hilft dir dabei: Male auf einem Notizblock eine Sonne, einen Mond und einen Stern untereinander. Lies eine Frage nach der anderen gründlich durch und entscheide dich für eine Antwort. Mache jeweils einen Strich hinter dem Symbol, das deiner Antwort entspricht. Stelle fest, welches Bild du am häufigsten gewählt hast. Auf Seite 91 kannst du dann nachlesen, welchem Freizeittyp du ähnlich bist.

1. Wo hältst du dich am liebsten auf?
- Zuhause
- ☆ Draußen
- ☽ In Freizeiteinrichtungen wie Kino, Freizeitheim

2. Was stört dich am meisten?
- Schmutz
- ☆ Lärm
- ☽ Gefahr

3. Wie wichtig ist für dich Bewegung?
- ○ Unwichtig
- ☆ Wichtig
- ☽ Das Wichtigste überhaupt

4. Was würdest du auf eine einsame Insel mitnehmen?
- ☽ Computer und Fernseher
- ☆ Werkzeugkasten und Bastelmaterial
- ○ Bücher und Walkman

5. Welche Beschäftigung wählst du?
- ☆ Baumhaus bauen
- ○ Knobelaufgaben lösen
- ☽ Musik hören

6. Siehst du dir Sendungen über Tiere, Länder, Planeten ... an?
- ○ Immer
- ☽ Zufällig
- ☆ Nie

7. Wie wichtig ist dir dein Aussehen?
- ☆ Ich probiere häufig neue Frisuren aus.
- ☽ Ich stehe gerne vor dem Spiegel.
- ○ Mein Aussehen ist mir ziemlich egal.

8. Geben dir deine Eltern Freizeittipps?
- ☽ Häufig
- ☆ Manchmal
- ○ Nie

9. Verbringst du deine Freizeit gerne mit Erwachsenen?
- ○ Sehr gern
- ☽ Ab und zu
- ☆ Möglichst nicht

10. Hältst du eine Woche ohne Fernsehen / Video aus?
- ☆ Kein Problem
- ○ Weiß ich nicht
- ☽ Unmöglich

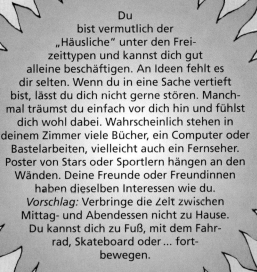

Du bist vermutlich der „Häusliche" unter den Freizeittypen und kannst dich gut alleine beschäftigen. An Ideen fehlt es dir selten. Wenn du in eine Sache vertieft bist, lässt du dich nicht gerne stören. Manchmal träumst du einfach vor dich hin und fühlst dich wohl dabei. Wahrscheinlich stehen in deinem Zimmer viele Bücher, ein Computer oder Bastelarbeiten, vielleicht auch ein Fernseher. Poster von Stars oder Sportlern hängen an den Wänden. Deine Freunde oder Freundinnen haben dieselben Interessen wie du.
Vorschlag: Verbringe die Zeit zwischen Mittag- und Abendessen nicht zu Hause. Du kannst dich zu Fuß, mit dem Fahrrad, Skateboard oder ... fortbewegen.

Du bist ein echter „Freizeitkumpel". Wahrscheinlich bist du am liebsten in Gesellschaft und ständig unterwegs. Meistens weißt du, wo etwas los ist und wo man sich trifft. Allein zu sein fällt dir nicht leicht. Hat niemand Zeit, etwas mit dir zu unternehmen, schaltest du häufig den Fernseher ein oder hörst Musik. Dir gefällt es am besten, wenn du eine möglichst große Auswahl an Freizeitangeboten hast, z. B. Computerspiele, Gameboy, Zeitschriften ...
Vorschlag: Versuche einen Tag lang ohne Freunde, Fernseher, Video, Zeitschriften, Computer und Musik auszukommen.

Du bist dem „Frischluftfanatiker" unter den Freizeittypen am ähnlichsten. Jede freie Minute verbringst du außer Haus. Beim Fahrrad fahren, Angeln, Klettern usw. geht es dir gut. Wichtig ist nur, dass du an der frischen Luft bist. Vielleicht gehörst du zu denen, die immer Bewegung brauchen und sich auch körperliche Anstrengung zumuten. Du triffst dich gerne mit Freunden oder Freundinnen, es macht dir aber auch nichts aus, dich allein zu beschäftigen. Zu Hause am Schreibtisch zu sitzen, ist für dich eine Qual.
Vorschlag: Verbringe einen Nachmittag in deinem Zimmer. Überlege, wie du es so umgestalten kannst, dass es dich nicht immer nach draußen zieht.

Aufgabe

1 a) Stelle fest, wer in deiner Klasse zum gleichen Freizeittyp gehört wie du. Ihr bildet zusammen eine Gruppe.
b) Jede Gruppe erstellt eine Liste mit Freizeitbeschäftigungen, die jeder allein ausführen kann.
c) Jede Gruppe stellt ihre Ergebnisse vor.
d) Wähle aus der Liste der anderen Gruppen einen Freizeittipp und probiere ihn aus.

Möglichkeiten sinnvoller Freizeitgestaltung

Aufgaben

1 Gestaltet eine Pinnwand für eure Schule.

a) Sammelt zuerst möglichst viele Freizeitangebote, die in eurer Schule angeboten werden.

b) Informiert euch über Veranstaltungen, die in der Pfarrgemeinde, bei Vereinen, usw. in der nächsten Zeit stattfinden.

c) Achtet darauf, dass die Plakate, Texte, Bilder möglichst abwechslungsreich, einladend und schön gestaltet sind.

2 Führt nach einiger Zeit eine Befragung durch.

a) Welche Veranstaltung wurde am meisten besucht? Warum?

b) Gab es eine Veranstaltung, zu der niemand kam? Gründe?

c) Stellt eine Rangliste auf und veröffentlicht sie.

Freizeit auch in der Schule?

Max und Nina treffen sich in der Aula ihrer Schule. Seit Beginn des Schuljahres steht dort eine Litfaßsäule. Da finden sich Informationen, Angebote, Tipps für Schüler.

Max: „Hallo Nina, hast du das gesehen? Du weißt doch immer nicht, was du nachmittags tun sollst? Hier gibt es ganz tolle Angebote. Da ist bestimmt auch für dich etwas dabei."

Nina: „Was? Lass mich mal sehen."

Nina schiebt Max auf die Seite und liest:

Wir könnten doch zusammen ...

Die Schülerinnen und Schüler der Klasse 6a sind seit mehr als einem Jahr zusammen und verstehen sich recht gut. Nachdem sie sich über eine Woche mit dem Thema „Freizeit" beschäftigt haben, hat Carmen eine Idee: „Wir könnten doch einmal als Klasse etwas gemeinsam unternehmen." Daraufhin entsteht sofort ein lebhaftes Gespräch. Es kommen Fragen, Vorschläge und Wünsche.

Die Klasse beschließt: Die erste gemeinsame Unternehmung soll eine Lesenacht im Klassenzimmer sein. Die Lehrerin ist einverstanden und verspricht bei der Vorbereitung zu helfen. Thomas und Gabi besorgen Bücher in der Bücherei. Andere kümmern sich um Abendessen und Frühstück. Babs bringt eine Leselampe und einige Kerzen mit. Die Lehrerin verständigt den Rektor und den Hausmeister. Für Luftmatratze, Schlafsack und Geschirr muss jeder selbst sorgen. Die Nacht der Nächte kann beginnen – wie sie wohl sein wird?

Ideen für eine Lesenacht
- Viele Bücher stehen zur Verfügung. Jeder liest für sich und stellt ein Buch vor.
- Einige lesen aus ihrem Lieblingsbuch vor.
- Alle lesen das gleiche Buch (Klassenlektüre).

M1 *Klasse 6c*

M2 *Klasse 6b*

M3 *Klasse 6a*

Freizeitkarte erstellen

250 € für die Klassenkasse

Gestern überreichte Bürgermeister Hans Bayer der Klasse 6c einen Scheck über 250 €. Das war der erste Preis im Wettbewerb „Eine Jugend-Freizeitkarte für die Gemeinde".

Zu Beginn des Jahres hatte die Gemeinde zu einem Wettbewerb aufgerufen. Der Gemeinderat hatte beschlossen mit einer „Freizeitkarte für Jugendliche" jüngere Besucher anzulocken. Umfang und Gestaltung waren völlig freigestellt. Man hoffte auf gute Ideen aus der Bevölkerung. Jeder konnte sich daran beteiligen. Nach Einsendeschluss hatte sich gezeigt, dass der Wettbewerb großes Echo fand. Die Jury setzte sich aus Erwachsenen und Jugendlichen zusammen. Ihre Aufgabe war nicht leicht. Viele bemerkenswerte Beiträge waren eingegangen. Zum Schluss aber waren sich alle einig. Das Rennen hatte die Klasse 6c der Hauptschule gemacht. Ihre Karte „Freizeittipps für Kids" enthielt das vollständige Angebot der Gemeinde, der Vereine und der Kirchen. Darüber hinaus war es liebevoll und für Jugendliche sehr ansprechend gestaltet.

Auf die Frage, was sie mit dem Geld machen werden, antwortete die Klassensprecherin: „Wir haben nicht damit gerechnet, dass wir gewinnen. Deshalb wissen wir auch noch nicht, was wir mit dem Geld anfangen werden. Auf jeden Fall freuen wir uns riesig."

Gestaltung einer Freizeitkarte

Ihr könnt selbst eine Freizeitkarte für eure Gemeinde oder euren Stadtteil gestalten. Die Anleitung dazu findet ihr auf diesen beiden Seiten.

1. Informiert euch über die Freizeitangebote

Teilt euch in Gruppen auf. Eine Gruppe vereinbart einen Termin mit dem Bürgermeister und befragt ihn. Eine andere erkundigt sich bei den Ortsvereinen nach Angeboten für Jugendliche. Auch die Pfarreien bieten für Kinder und Jugendliche etwas an. Das kann die nächste Gruppe herausfinden. Eine weitere Gruppe schreibt aus dem Telefonbuch die Adressen von privaten Freizeiteinrichtungen, z. B. Minigolfanlage, Bootsverleih heraus.

2. Erkundet die einzelnen Angebote genauer

Tragt zusammen, was ihr über Öffnungszeiten, Eintrittspreise, Einzelveranstaltungen usw. herausfindet. Sammelt Prospekte, Programmheftchen und Veranstaltungskalender. Wenn ihr wollt, könnt ihr zusätzlich Fotos machen.

3. Erstellt eine Freizeitkarte

a) Nehmt einen Orts- oder Stadtplan und vergrößert ihn.
b) Zeichnet für die einzelnen Freizeiteinrichtungen Piktogramme, z. B.

c) Klebt eure Piktogramme an die entsprechenden Stellen in eurem Plan.
d) Erstellt eine Legende für die Piktogramme in Deutsch und in Englisch.
e) Klebt die Legende in eine geeignete Ecke des Plans.

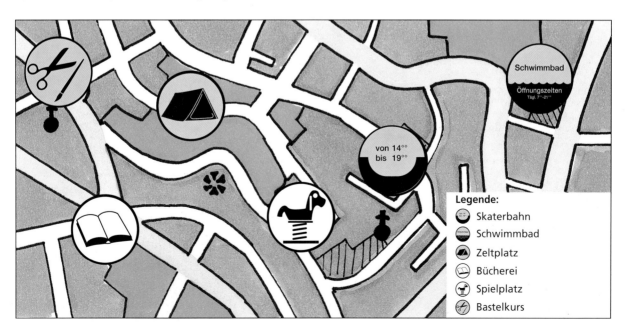

Experten befragen

Aufgaben

1 Suche Experten zum Thema Freizeit in deiner Umgebung.
a) Erstelle eine Liste mit Name, Adresse, Telefonnummer.
b) Begründe, wen ihr gerne befragen möchtet.

2 Führt Befragungen durch.

3 Stellt eure Ergebnisse der Klasse vor (Schaubilder, Berichte, Wandzeitung …).

4 Schreibt einen Bericht über das Freizeitverhalten der Jugendlichen in eurer Gemeinde für die Schülerzeitung.

Wie gehen wir vor?

Warum? Wir wollen genaue, möglichst umfassende Informationen zu einem Thema.

Wen? Wir befragen jemanden, der sich mit einer Sache besonders gut auskennt. Er kann Experte sein, weil es zu seinem Beruf gehört. Er kann Experte sein, weil es sein Hobby ist.

Wo? Wir treffen Experten z. B. an ihrem Arbeitsplatz, in Vereinen, in Schulen, in Büchereien …

Wie?
- Wir suchen einen geeigneten Interview-Partner.
- Wir vereinbaren einen Termin.
- Wir erstellen einen Fragenkatalog und achten darauf, dass die Antworten nicht nur ja oder nein sein können.
- Wir beachten bei unserem Interview alle Formen der Höflichkeit (Begrüßung, Verabschiedung, Dank).
- Wir machen uns während des Gesprächs Notizen oder verwenden ein Aufnahmegerät.
- Wenn unser Gesprächspartner einverstanden ist, machen wir ein Foto von ihm.
- Wir werten die Antworten aus.
- Wir lassen dem Interview-Partner unser Ergebnis zukommen.

Alles Experten

Expertenrätsel: Wer bin ich?

Aufgaben

5 Wofür sind die Personen Experten? Begründe.

6 Erstelle selbst Steckbriefe für Experten.

7 Sicher gibt es auch bei euch in der Klasse Experten. Befragt sie.

Wir planen einen Ausflug mit der Klasse

Es ist nie einfach die Wünsche einer großen Gruppe in Einklang zu bringen. Jedes Mal war jemand mit einem Vorschlag für den Klassenausflug nicht einverstanden. Da hatte Frau Meyer, die Klassenlehrerin, eine Idee:
Wir machen einen Gruppenwettbewerb daraus.
Sie heftete die Bedingungen für den Ausflug an die Pinnwand.

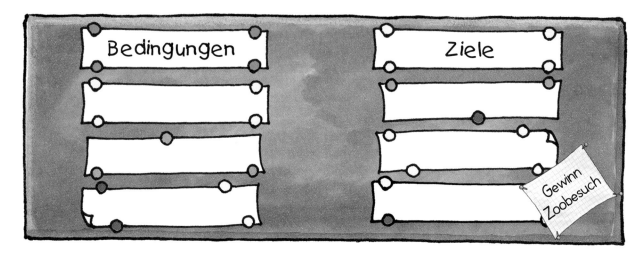

1. Arbeit in Gruppen

Die Schülerinnen und Schüler stürzten sich mit Feuereifer in die Planung. Es war auch in der kleinen Gruppe nicht so einfach sich zu einigen. Die Mädchen und Jungen studierten Landkarten, telefonierten mit Busunternehmen, fragten bei der Bahn nach, lasen Fahrpläne, planten gemeinsame Aktivitäten, wie Spiele, Rallyes, usw.

Aufgaben

1 Lies die Texte auf S. 98/99 durch. Überlege, ob du mit deiner Klasse auf diese Weise einen Ausflug planen würdest oder nicht. Begründe.

2 „So ein Ausflug ist doch keine Freizeit". Was meinst du zu dieser Behauptung?

2. Werbung

Jede Gruppe überlegte sich, wie und wodurch sie die anderen am besten von ihrer Idee überzeugen konnte. Eine Gruppe entwarf ein Plakat, eine andere zeigte einen Ausschnitt aus einem Videofilm. Spiele wurden vorgestellt, Wegskizzen an die Tafel gezeichnet, usw. Besondere Mühe gaben sich alle beim Begründen. Jede Gruppe erklärte, warum ihr Beitrag alle Bedingungen und Ziele besonders gut erfüllte.

3. Abstimmung

Jeder aus der Klasse vergab 5 Wertungspunkte. Alle Vorschläge entsprachen den Vorgaben. Am Ende gewann die Gruppe 3.

4. Durchführung

Morgens um 3 Uhr trafen sich die Jungen und Mädchen mit Frau Meyer an der Schule. Leise liefen sie durch die menschenleeren Straßen, hinaus aus der Stadt. Nach einer Stunde waren sie im Wald. Damit sich niemand verlief, wurden alle mit einer Hand an einem langen Tau festgebunden. Die Taschenlampen blieben aus. An einer Lichtung im Wald machten sie verschiedene Spiele, wie Bäume erfühlen, Geräusche erkennen, lautloses Anschleichen, usw. Als es hell wurde, wanderte die Klasse zur Schule zurück. Dort ging es zuerst eine halbe Stunde ins Schwimmbad. Jetzt durfte getobt und gelärmt werden. Anschließend freuten sich alle an einem gemeinsamen Frühstück, das die Eltern vorbereitet hatten.

5. Bewertung

Alle waren der Meinung, dass sich der Ausflug gelohnt hat. Es war für alle eine neue Erfahrung. Viele hörten zum ersten Mal bewusst Geräusche, die sie nie vorher wahrgenommen hatten. Es war billig, umweltfreundlich und hat Spaß gemacht.

Aufgabe

3 Der Ausflug sollte einen Beitrag zu einer besseren Klassengemeinschaft leisten und auf die Umwelt Rücksicht nehmen. Beurteile den Ausflug der Klasse 6b unter diesen Gesichtspunkten.

Peter: Ich bin bei der Malteser Jugend

Informationen:

Malteser-Hilfsdienst e. V.
Generalsekretariat
Kalker Hauptstr. 22–24
51103 Köln
www.malteser.de

Jeder Mittwochnachmittag ist bei mir verplant. Da treffe ich mich mit der Malteser Jugend. In unserer Gruppe sind acht Mädchen und sechs Jungen, alle etwa in meinem Alter. Unser Gruppenleiter lässt sich immer etwas für uns einfallen. Wir machen z. B. Spiele, gehen ins Schwimmbad, machen eine Museumsrallye, unterhalten uns oder planen einen gemeinsamen Ausflug. Natürlich werden wir auch in Erster Hilfe ausgebildet. Mittlerweile kenne ich mich da schon ganz gut aus. Später möchte ich auf jeden Fall Rettungssanitäter werden. Ich weiß, dass es ein sehr anstrengender Beruf ist, aber bestimmt auch abwechslungsreich.

Wenn unsere Maltesergruppe eine Aktion startet, dürfen sich auch die Jüngsten daran beteiligen. Beim letzten „Tag der offenen Tür" war es meine Aufgabe, andere Kinder durch unsere Räume zu führen. Ich durfte ihnen auch einen Rettungswagen zeigen. Am meisten gefallen mir jedoch unsere Zeltlager. Beim letzten Mal nahmen auch behinderte Kinder und Jugendliche teil. Jeder aus unserer Gruppe war „helfender Partner" für ein behindertes Kind. Auf der Heimfahrt hatte ich zum ersten Mal das Gefühl einem anderen Menschen wirklich geholfen zu haben. Das tat gut. Ich habe mir vorgenommen, an unserer Aktion „kostenloser Einkaufstaschen-Abholdienst für ältere Bürger" mitzumachen.

HELFEN – GEMEINSAM GEHT'S LEICHTER

Das Wichtigste kurz gefasst:

Das eigene Freizeitverhalten

Die Freizeit kann man als Einzelner und in der Gruppe verbringen. In jeder Gemeinde gibt es viele Freizeiteinrichtungen: Schwimmbad, Bücherei, Spielplatz, Sportgelände, Wanderwege, usw. Jeder kann seine Freizeit so verbringen, wie er möchte. Grenzen bestehen durch Altersbeschränkungen, zu hohe Kosten, fehlendes Angebot oder das Verbot der Eltern.

Spiel, Sport und Unterhaltung

Im antiken Rom gab es Wagenrennen, Gladiatorenkämpfe und Theateraufführungen, um das Volk zu unterhalten. Bei den Spielen passierten häufig Unfälle und Menschen oder Tiere starben. Auf der Straße spielten die römischen Kinder vor allem mit dem, was sie fanden. Mädchen übten sich mehr in Geschicklichkeitsspielen, Buben im sportlichen Wettkampf. Durch die Erfindung des Fernsehens hat sich das Freizeitverhalten der Menschen verändert. Die Zuschauer können sich bilden, entspannen und unterhalten. Zu langes Fernsehen kann schaden.

Jugend und Freizeit in anderen Ländern

Kinder in armen Ländern haben meistens weniger Freizeit als bei uns. Sie müssen oft zu Hause helfen und regelmäßige Arbeiten erledigen. Ihre Spielsachen stellen sie häufig selbst her und denken sich Spiele aus. Alle Kinder spielen gern und viele Spiele spielt man auf der ganzen Welt. Für die Buben ist es zum Beispiel das Fußballspielen.

Freizeit gestalten

Es macht Spaß, die Freizeit mit anderen zu verbringen. Besondere Vorhaben sollte man in der Gruppe gründlich planen. Es ist wichtig, dass jeder seine Interessen und Wünsche verwirklichen kann. Um die Freizeit sinnvoll zu nutzen, muss jeder für sich herausfinden, was ihm besonders liegt. Freizeit kann auch alleine Freude machen.

Anderen zu helfen oder für andere etwas zu tun, gehört für viele Jugendliche zu ihrem festen Freizeitprogramm.

Grundbegriff
• Freizeit

101

M1 *Mittelalterlicher Markt, heutige Darstellung*

Mittelalter

Das Mittelalter umfasst die Zeit von 500 – 1500 n. Chr. Der bedeutendste Herrscher war Karl der Große. Er regierte das Frankenreich, zu dem große Teile des heutigen Deutschlands gehörten. In dieser Zeit breitete sich das Christentum aus. Die christliche Lehre und damit die Kirche gewannen große Bedeutung.

M1 *Karl der Große (742–814),
Reiterstandbild aus Bronze*

Karl der Große, der Vater Europas

Im Alter von 29 Jahren übernahm Karl die Alleinherrschaft über das Frankenreich. Als bedeutender Feldherr erweiterte er sein Reich in vielen Feldzügen und wurde zum Schutzherrn des christlichen Abendlandes. Die Grenzen seines Reiches verteidigte er erfolgreich gegen feindliche Nachbarn: Gegen die Araber im Süden, die Dänen im Norden und gegen die Slawen und die Awaren im Osten. Nur gegen die Araber verlor er eine Schlacht. Während seiner Regierungszeit gliederte Karl die Langobarden und die Sachsen in sein Reich ein. Der Krieg gegen die Sachsen dauerte 30 Jahre.

Karl der Große konnte sein Reich nicht ohne Hilfe regieren, denn die Übermittlung von Nachrichten und Befehlen dauerte Wochen oder Monate. Ein reitender Bote konnte am Tag nur etwa 25 km zurücklegen. Deshalb unterteilte der König das Reich in einzelne Gebiete, die **Pfalzen** genannt und von Grafen verwaltet wurden. Königsboten überbrachten und überwachten die Befehle des Königs. Er selbst reiste mit dem gesamten Hofstaat ständig von einer Pfalz zur anderen und legte so in 24 Regierungsjahren etwa 82 000 km zurück. Die Grafschaften an den Grenzen hießen Marken. Die Markgrafen konnten bei einem feindlichen Angriff ohne Befehl des Königs ein Heer zusammenrufen. Bayern hatte eine Sonderstellung im Reich. Der bayerische Herzog durfte selbstständig regieren. Nur im Krieg musste er ein Heer stellen. Als er Bayern vom Frankenreich lösen wollte, ließ Karl das nicht zu und setzte ihn ab. Von da an gehörte Bayern ganz zum Frankenreich.

Karl plant einen Krieg und schreibt an einen Abt:

„… Wir befehlen dir: Jeder Berittene soll Schild, Lanze, Schwert und Hirschfänger haben, dazu Bogen, Köcher mit Pfeilen, und eure Packwagen sollen Vorräte aller Art mitführen und alle anderen Werkzeuge, die man bei einem Feldzug braucht. Die Lebensmittel müssen drei Monate reichen, Waffen und Bekleidung ein halbes Jahr. Die Geschenke, die du uns auf unserem Reichstag abzuliefern hast, übersende uns Mitte Mai. Lasse dir keinerlei Nachlässigkeit zuschulden kommen, wenn dir an unserer Gnade gelegen ist." [10]

M2 *Das Reich Karls des Großen*

Eine Kaiserkrone zu Weihnachten

Leo III. bat Karl den Großen um Hilfe in einem Streit mit Römern, die ihn als Papst nicht anerkennen wollten. Karl reiste dazu nach Rom. Es gelang ihm, die Macht des Papstes zu festigen.

Am Weihnachtstag des Jahres 800 besuchte Karl den Festgottesdienst in der Basilika des heiligen Apostels Petrus. Zu seiner Überraschung krönte ihn der Papst dort zum Kaiser. Leo III. setzte ihm eine Krone aufs Haupt, beugte vor ihm die Knie und das römische Volk rief: „Dem erhabenen Karl, dem von Gott gekrönten, großen und Frieden stiftenden Kaiser der Römer Leben und Sieg!"

Karl der Große nahm die Kaiserkrone an und verpflichtete sich damit, die Kirche zu schützen und den christlichen Glauben weiter zu verbreiten. Er war von nun an römischer Kaiser und König der Franken. Jeder Untertan leistete einen Eid, in dem er Kaiser Karl Treue und Gehorsam versprach.

M4 *Die spätere Reichskrone*

Kaiser Karl – Schutzherr der Kirche

Während seiner gesamten Regierungszeit als König und Kaiser nahm Karl der Große den Auftrag, die Kirche zu schützen, sehr ernst.

M3 *Die Menschen im Mittelalter stellten sich vor, dass Papst und Kaiser gemeinsam die Welt regieren. Gott gibt ihnen dafür die Zeichen ihrer Macht – das Schwert und den Hirtenstab.*

Aufgaben

1 Lies den Text „Karl der Große, der Vater Europas" und betrachte M2.
a) Wie heißen die Grenzmarken?
b) Gegen welche Feinde sollten sie das Reich schützen? Lege eine Tabelle an.

2 Versetzt euch in die Lage des Abtes. Was haltet ihr von diesem Brief? Sprecht darüber.

3 Lies den Text „Eine Kaiserkrone zu Weihnachten" und male nach den Informationen über die Krönungszeremonie ein Bild.

4 Betrachte M3. Erkläre, wie Papst und Kaiser dargestellt werden.

5 a) Welche europäischen Länder werden heute noch von Königen regiert?
b) Informiere dich über deren Leben und Aufgaben (Internet, Zeitschriften und Bücherei).
c) Gestalte einen Hefteintrag.

1 Betrachte M1 – M3.
Erkläre mithilfe des Textes die Veränderungen.

2 Wähle im Atlas eine Staaten-karte von Europa.
a) Stelle fest, welche heutigen Länder zum damaligen Ostfränki-schen bzw. Westfränkischen Reich gehörten.
b) Finde heraus, wer heute in diesen Ländern regiert.

Ein schweres Erbe – das Reich zerfällt

Noch zu Lebzeiten Karls des Großen kam es im Norden immer wieder zu Angriffen der Wikinger. Sie plünderten Städte, ermordeten die Bewohner und raubten Kirchen aus. Karls Heer war machtlos, weil es zu lange brauchte um an den Ort des Überfalls zu gelangen. Deshalb mussten die Grafen, die im Norden wohnten, sich selbst verteidigen. Dabei wurden sie immer selbstständiger und mächtiger.

Nach dem Tod Kaiser Karls erbte sein einziger Sohn, Ludwig der Fromme, das Reich. Er erwies sich als schwacher Herrscher, dem die Religion wichtiger war als die Verwaltung des riesigen Reiches. Das Erbrecht der Kaiserfamilie schrieb vor, dass das Reich nach dem Tod eines Kaisers unter alle Söhne aufgeteilt werden musste. Auf Ludwig den Frommen folgten dessen Söhne Lothar, Karl der Kahle und Ludwig der Deutsche. Lothar erhielt die Kaiserwürde. Als er jung starb, teilten sich seine Brüder das Reich. Ludwig bekam das Ostfränki-

M1 *Reichsteilung*

M2 *Veränderungen bis 888*

M3 *Das Reich der Ottonen*

sche, Karl das Westfränkische Reich. Italien und Burgund wurden selbstständige Königreiche. 919 wurde Sachsenherzog Heinrich I. zum König des Ostfränkischen Reiches gewählt, weil es keine direkten Nachfolger aus der Familie Karls des Großen mehr gab. Er vereinigte Sachsen, Franken, Lothringen, Schwaben und Bayern zum deutschen Königreich.

Die Karolinger

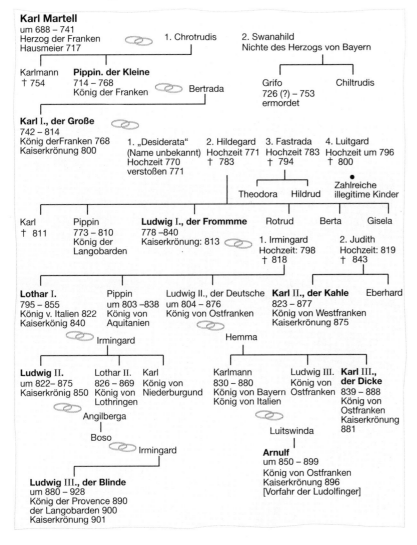

M4 *Kaiser Lothar I. (795 – 855)*

Nachdem das Geschlecht der **Karolinger** ausgestorben war, bestimmten die Sachsen und Franken den Frankenherzog Konrad I. zum König. Die Bayern und Schwaben erkannten ihn an. Nach seinem Tod wurde Heinrich I. Herrscher über das gesamte Ostreich. Mit seinem Sohn Otto I. begann die Regierungszeit der **Ottonen**.

Aufgaben

3 a) Suche ein heutiges Land aus, finde dazu Informationen und fertige ein Plakat oder eine Mappe.
b) Stelle das Ergebnis der Klasse vor.

4 Informiere dich über einen der Nachfolger Karls des Großen genauer. Erstelle einen Steckbrief.

107

M1 *Otto I. und seine Frau Edgitha von England im Dom zu Magdeburg*

Wie Otto I. an die Macht kommt

Nach dem Tod König Heinrichs wählten die Franken und Sachsen seinen Sohn Otto zum König. Die Erzbischöfe von Mainz, Köln und Trier stritten um die Ehre, die Krönungszeremonie zu vollziehen. Otto schlichtete den Streit mit einem Kompromiss: Der Kölner Erzbischof durfte ihn salben, der Bischof von Mainz durfte ihm die Reichsinsignien überreichen und der Bischof von Trier durfte ihn nach dem Treueschwur zum Thron führen.

Der Geschichtsschreiber Widukind von Corvey beschrieb die Königskrönung Ottos I. durch die weltlichen Vertreter des Volkes: „...Da versammelten sich die Herzöge und die ersten der Grafen... in dem Säulengang... und sie setzten den neuen Herrscher auf einen hier errichteten Thron. Hier legten sie ihre Hände in seine Hände und gelobten treu und hold... zu sein, und machten ihn so nach ihrem Brauch zum König..." und durch die kirchlichen Vertreter: „Der höchste Geistliche wartete mit der Priesterschaft und dem niederen Volk in der Kirche auf den Einzug des neuen Königs. Als er nun kam, ging ihm der Erzbischof entgegen, führte ihn mit der linken Hand... und schritt mit ihm bis zur Mitte des Heiligtums, wo er... zum Volk sprach: „Sehet, ich führe euch Otto zu, den der Herrgott zu eurem König erwählt und den die Fürsten alle dazu erhoben haben. Gefällt euch solche Wahl, so hebt eure rechte Hand zum Himmel auf." Das taten alle, und sie brachen in den Ruf aus: „König Otto, er lebe, er blühe, in alle Ewigkeit." [11]

Stammtafel der Königsfamilie der Ottonen
Medaillons aus der Kölner Königschronik (um 1250)

HEINRICH I.
Herzog von Sachsen,
König 919–936,
verheiratet mit Mathilde
(beide in Quedlinburg beigesetzt)

OTTO I. der Große
König 936, Kaiser 962–973,
verheiratet mit:
1. Edgitha von England
2. Adelheid von Burgund
(gest. 999)

GERBERGA
verheiratet mit:
1. Herzog Giselbert von Lothringen,
2. König Ludwig IV. von Frankreich

HEINRICH
Herzog v. Bayern
947–955

BRUN
Erzbischof v. Köln
und „Archidux"
953–965

WILHELM
Erzbischof von Mainz
954–968

LIUDOLF
Herzog v. Schwaben
949–953

LIUDGARD
verheiratet mit
Konrad d. Roten,
Herzog v. Lothringen

MATHILDE
Äbtissin von Quedlinburg
966–999

OTTO II.
Kaiser 973–983,
verheiratet mit
Theophanu,
byzantin.
Prinzessin
(gest. 991)

HEINRICH der Zänker
Herzog v. Bayern
955–995

OTTO
Herzog von Kärnten
978–1004

BRUN
Papst als
GREGOR V.
996–999

LIUDOLF
Herzog von Kärnten
1004–1011

WILHELM
Bischof von Straßburg
1029–1046

OTTO III.
geb. 980,
Kaiser
983–1002

HEINRICH II.
Herzog von Bayern,
Kaiser 1002–1024,
heilig gesprochen 1046

M2 *Stammtafel der Ottonen*

Otto I. festigt seine Macht

Zu den Aufgaben eines Königs gehörte nicht nur die Verwaltung des Reiches, sondern auch die Sicherheit. Nicht mehr die Wikinger wie zur Zeit Karls des Großen, sondern die Ungarn im Südosten bedrohten den Frieden. Jedes Jahr fielen sie ins Reich ein, zogen plündernd und mordend nach Westen, zum Teil bis nach Frankreich. Im Jahr 955 belagerte ein riesiges ungarisches Heer die Stadt Augsburg. Aus allen Stammesherzogtümern stellte Otto ein Heer zusammen und griff die Ungarn auf dem Lechfeld nördlich von Augsburg an. In langen und verlustreichen Kämpfen besiegte er die feindlichen Truppen endgültig. Der Sieg in dieser bedeutenden Schlacht brachte ihm so viel Anerkennung, dass ihm ab diesem Zeitpunkt alle Stammesfürsten treu ergeben waren.

M4 *Die heilige Lanze Von Heinrich I. erworben gilt sie als heilig, weil sie angeblich einen Nagel aus dem Kreuz Christi enthält. Die Kaiser und Könige führten sie auf ihren Feldzügen als Zeichen der Anwesenheit Gottes mit.*

M3 *Die Schlacht auf dem Lechfeld (955), Darstellung 1850*

Otto I. wird Kaiser

Als er mit seinem Heer zum zweiten Mal dem jungen Papst in Rom gegen die feindlichen Langobarden zu Hilfe kam, wurde er im Jahre 962 zum Kaiser gekrönt, seine Frau Adelheid zur Kaiserin. Ein Zeitgenosse sagte damals zu Otto: „Wie diese Falten (des Mantels) bis zum Boden reichen, so harre auch du bis an das Ende im Eifer für den Glauben und in Sorge um den Glauben." Durch die Krönung wurde nach Karl dem Großen wieder ein ostfränkisch-deutscher König zum Kaiser des Abendlandes. Sein Herrschaftsgebiet reichte von der Maas bis an die Oder und von der Nordsee bis Italien. Wegen seiner Verdienste wurde Otto I. später ebenfalls „der Große" genannt.

Aufgaben

1 a) Lies den Text „Wie Otto an die Macht kommt" und betrachte M2.
b) Finde heraus, wo Mitglieder der Ottonen herrschten. Verwende dazu die Karte auf S. 106.

2 Lies den Text über Otto I. und suche auf der Karte S. 106 die Punkte, die die Ausdehnung des damaligen Reiches kennzeichnen.

3 Über Otto den Großen sagt man: „In seinen Tagen erstrahlte das Goldene Zeitalter." Was denkst du darüber? Begründe.

4 Vor der Schlacht auf dem Lechfeld rief Otto: „Eine Schande wär's für uns, die Herren von fast ganz Europa, sich dem Feind zu ergeben." Erkläre, was er mit dieser Aussage meint.

5 Betrachte M3.
a) Woran erkennst du König Otto?
b) In welcher Pose ist er dargestellt?
c) Beschreibe den Kampf und vergleiche mit Kriegen heute. (Waffen, Verletzungen, …)

M1 *Papst Johannes XII. krönt Otto I. zum Kaiser (Darstellung aus dem 19. Jahrhundert)*

Otto der Große, Schutzherr der Kirche

Otto hatte unter den Herzögen viele Gegner. Sogar sein Bruder Heinrich und sein Sohn Liudolf zettelten Aufstände gegen ihn an. Er brauchte Unterstützung, damit er das große Reich regieren konnte und als König nicht abgesetzt wurde. Hilfe fand er bei den Bischöfen im Reich. Er gab ihnen Grundbesitz, wertvolle Geschenke und stattete sie mit den gleichen Rechten wie die weltlichen Fürsten aus. Dafür nahm er sich das Recht, mitzubestimmen, wer Bischof wurde. So konnte er Mitglieder seiner Familie, denen er vertraute, in diese wichtigen Ämter einsetzen. Sein Bruder Brun, der schon seit seiner Kindheit für ein geistliches Amt erzogen wurde, wurde z. B. Erzbischof von Köln und Herzog von Lothringen. Der Vorteil war, dass geistliche Fürsten wegen des Zölibats ihre Ämter nicht weitervererben konnten. Nach ihrem Tod fiel der Besitz an den König zurück und konnte neu vergeben werden. Damit behielt Otto I. die Kontrolle über das verschenkte Vermögen.

An seinem Hofe errichtete er eine Kapelle. Dort wurden viele Geistliche ausgebildet, die später in Ottos Sinn als Bischöfe in ihren Bistümern regierten.

M2 *Der König übergibt mit dem Bischofsstab die weltliche Herrschaft über das Bistum (hier: Kaiser Otto II. verleiht Adalbert den Bischofsstab für seine Missionstätigkeit in Preußen; Ausschnitt der Domtür in Gnesen).*

Aufgaben

1 Beschreibe anhand des Textes, wie es Otto gelang, Kirchenfürsten zu treuen Untergebenen zu machen.

2 Erkläre M2. Befrage einen Pfarrer, wie heute Bischöfe gewählt und geweiht werden.

3 Welche Aufgaben haben Bischöfe heute? Worum kümmern sie sich?

Otto der Große, Missionar des Christentums

Spätestens seit der Kaiserkrönung übernahm Otto der Große Verantwortung für das Christentum. Aber schon vorher hatte er vom Erzbischof Hildebert von Mainz den Auftrag erhalten: „Nimm dieses Schwert, vernichte damit alle Feinde des Herrn, die Heiden wie die schlechten Christen, denn kraft der Gewalt Gottes ist dir die Macht gegeben über das Reich, auf dass Frieden herrsche in der Christenheit." Seinen Auftrag, das Christentum zu verbreiten, nahm Otto sehr ernst. Er bekehrte die Slawen, deren Gebiete schon sein Vater zum Teil erobert hatte. Dabei halfen ihm Bischöfe und Siedler, die sich dort niederließen. Die Mönche bauten Kirchen, verkündeten den christlichen Glauben und tauften die Einwohner. Otto gründete neue Bistümer, Städte und Siedlungen entstanden. Straßen wurden gebaut. Die neuen Klöster waren Vorbild für Landwirtschaft, Handwerk und Baukunst.

Weil Otto in jungen Jahren mit einer slawischen Fürstentochter befreundet war, beherrschte er die Sprache. Dies half ihm bei der Errichtung seiner Herrschaft. Der Sohn aus dieser Verbindung wurde später Erzbischof von Mainz.

Aufgaben

4 Missionieren hieß auch Andersgläubige, die sich nicht unterwerfen wollten, zu ermorden. Was hältst du davon, wenn jemand zu einem anderen Glauben gezwungen wird? Begründe.

5 Noch heute gibt es Missionsstationen, z. B. in Asien und Afrika. Informiere dich in deiner Pfarrgemeinde über deren Aufgaben und erstelle einen Bericht.

6 Betrachte M3.
a) Welchen Leuten begegnet Otto, welche Ämter könnten sie haben?
b) Schreibe auf, was Otto mit dem slawischen Fürsten gesprochen haben könnte.
c) Spielt die Szene. Achtet dabei auf die Körperhaltungen.

M3 *Otto landet auf slawischem Gebiet bei Magdeburg, Darstellung aus dem 19. Jahrhundert*

Die Ständeordnung

Im Mittelalter gehörte jeder Mensch einem Stand an. Es gab drei Stände: Geistliche, Adlige, Bürger und Bauern. Wer als Bauernkind geboren war, konnte nicht in einen höheren Stand aufsteigen. Dies, das lehrte die Kirche, war von Gott so gewollt.

M1 *Ständeordnung*
Christus befiehlt den Ständen:
Du bete demütig! (links)
Du schütze! (rechts)
Und du arbeite! (unten)
(Holzstich, 1492)

> Das Haus Gottes ist dreigeteilt: Die einen beten, die anderen kämpfen, die dritten endlich arbeiten. Diese drei miteinander lebenden Schichten … können nicht getrennt werden.
> Die Dienste des einen sind die Bedingung für die Werke der beiden anderen. Jeder trachtet danach, das Ganze zu unterstützen.

M2 *Der Bischof von Leon zur Ständeordnung (1016)*

> Wegen der Sünde des ersten Menschen ist dem Menschengeschlecht als Strafe Knechtschaft auferlegt worden. Gott hat jenen, für die die Freiheit nicht passt, in großer Barmherzigkeit die Knechtschaft auferlegt … Die einen hat er zu Knechten, die anderen zu Herren eingesetzt.

M3 *Der Bischof von Worms zur Ständeordnung (1010)*

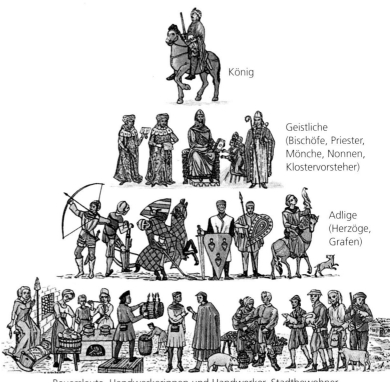

König

Geistliche (Bischöfe, Priester, Mönche, Nonnen, Klostervorsteher)

Adlige (Herzöge, Grafen)

Bauersleute, Handwerkerinnen und Handwerker, Stadtbewohner

M4 *Ständeordnung im Mittelalter (heutige Zeichnung)*

Aufgaben

1 Erkläre anhand der Zeichnung die mittelalterliche Ständeordnung (M4).

2 Beschreibe den Holzschnitt von 1492 (M1). Welchem Stand befiehlt Christus zu beten, welchem zu schützen und welchem zu arbeiten?

Das Lehenswesen

An der Spitze der Gesellschaft stand der König. Er war für die Verwaltung und den Schutz seines Landes zuständig. Außerdem gehörte ihm der größte Teil des Grund und Bodens. Bei seiner Arbeit halfen ihm die weltlichen und geistlichen Adligen, die Herzöge, Grafen und Bischöfe. Dafür und dass sie ihm gehorsam dienten, bekamen sie vom König Land geliehen, ein so genanntes **Lehen** mit Burgen, Dörfern und Bauern. Nach ihrem Tod fiel das Land an den König zurück. Im Laufe der Zeit konnten die Adligen aber das Land behalten und vererbten es an ihre Söhne weiter. Die Adligen verliehen oft einen Teil ihres Landes an Ritter, die für sie dann Kriegsdienste leisten mussten. Dieses System heißt Lehenswesen.

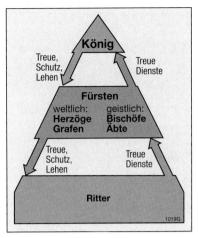

M5 *Das Lehenswesen*

Der Graf fragte den zukünftigen Vasallen, ob er ohne Vorbehalt sein Mann werden wolle, und dieser antwortete: „Ich will es." Alsdann umschloss der Graf die zusammengelegten Hände des anderen mit seinen Händen, und sie besiegelten den Bund durch einen Kuss. Zweitens gab derjenige, der Mannschaft geleistet hatte, dem „Vorsprecher" des Grafen mit folgenden Worten sein Treueversprechen: „Ich verspreche bei meiner Treue, von nun an dem Grafen Wilhelm treu zu sein, aufrichtig und ohne Trug." Drittens bekräftigte er sein Versprechen durch einen Eid. [12]

M6 *Übergabe eines Lehen durch den Grafen von Flandern*

Info

Vasall

Im Mittelalter eine andere Bezeichnung für den Lehensmann. Der Adlige begab sich in den Schutz eines mächtigen Herrn, erhielt von ihm ein Stück Land – ein Lehen – zum Unterhalt und verpflichtete sich dafür zu Rat und Hilfe.

M7 *Ein Vasall mit zwei Lehensherren (Darstellung aus dem so genannten Sachsenspiegel, einer Sammlung von Gesetzen aus dem 13. Jahrhundert. Der Ast und die Fahne sind Symbole für ein Lehen. Die grüne Farbe steht für adlige Herkunft.)*

Aufgaben

3 Erkläre mit eigenen Worten anhand des Textes, des Info-Textes und des Schaubildes M5 das Lehenswesen.

4 Berichte, wie der Graf seine Vasallen belehnt (M6).

5 Beschreibe die Abbildung aus dem Sachsenspiegel (M7).

6 Welcher Vorgang aus dem Bericht über die Belehnung (M6) ist auf dem Bild (M7) dargestellt?

113

Lebenskreise

Aufgaben

1 Erkläre anhand von M1, wie der Bauer ① seine Felder bewirtschaftet.

2 Erkläre mithilfe des Textes M2 und M3.

3 Vergleiche die Arbeiten eines Bauern im Mittelalter mit heute. Besuche einen Bauernhof und frage nach
• Maschinen und Geräten,
• Anbaumethoden,
• Viehhaltung.

Dreifelderwirtschaft

Zwischen dem 7. und 14. Jahrhundert wuchs die Bevölkerung in Europa um 55 Millionen Menschen. Um den wachsenden Bedarf an Nahrungsmitteln zu decken, mussten die Bauern höhere Ernteerträge aus den Feldern erwirtschaften.

Die Ackerflächen rund um das Dorf gehörten allen Bauern gemeinsam. Sie teilten die Felder in drei Teile (Gewanne) auf. Von jedem Gewann erhielt jeder Bauer ein Stück Ackerland. Auf das erste Gewann kam Wintergetreide, auf das zweite Sommergetreide und Hülsenfrüchte. Das dritte blieb brach liegen und diente als Weideland. Tiere düngten es. Jedes Jahr wurde gewechselt. Die Dreifelderwirtschaft nutzte aus, dass verschiedene Feldfrüchte unterschiedliche Nährstoffe dem Boden entziehen. Durch Brache und den Fruchtwechsel erholten sich die Felder.

In manchen Gegenden Bayerns erkannten die Bauern, dass der Boden für Getreideanbau nicht geeignet war. Es regnete zu viel. Deshalb nutzten sie den Boden als Weide.

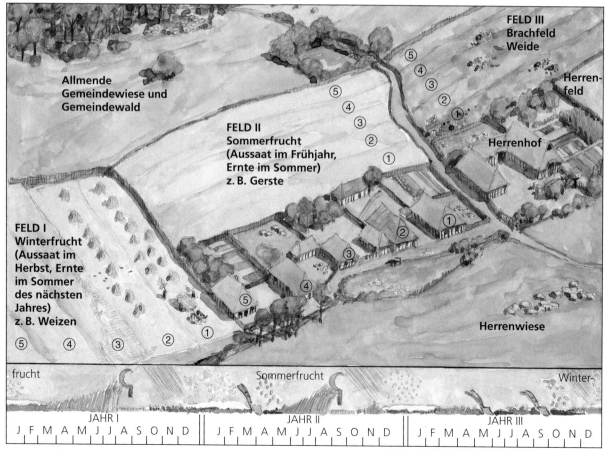

M1 *Dreifelderwirtschaft*

M2 *Pflügen mit Kummets und Räderpflug*

Schweinemast

Die damaligen Hausschweine waren kleiner als heute. Sie sahen eher aus wie Wildschweine. Als Haustiere waren sie beliebt, weil sie einfach zu halten waren. Im Sommer ernährten sie sich von Abfällen, im November trieb der Schweinehirt des Dorfes die Tiere in die Eichen- und Buchenwälder. Dort fraßen sie sich an Eicheln und Bucheckern fett, die der Hirte für sie mit einem Stock vom Baum schlug. Am Ende des Jahres wurden viele Tiere geschlachtet, damit man sie nicht über den Winter füttern musste. Das Fleisch hängte der Bauer in den Rauchabzug seines Hauses und räucherte es. Dadurch wurde es haltbar gemacht.

M3 *Hakenpflug*

Technischer Fortschritt

Die Arbeit auf den Feldern war sehr mühsam bis der Räderpflug erfunden wurde. Er war aus Eisen. Mit ihm konnte der Bauer die Erde wenden, lockern und gleichzeitig das Unkraut umgraben. Der Räderpflug drang tiefer in das Erdreich ein als der hölzerne Hakenpflug, der vorher verwendet wurde. Durch die Erfindung des Kummets konnten die Zugpferde viermal mehr Arbeitskraft erbringen als Ochsen. Es verteilte die Last gleichmäßig auf Schultern und Brust der Tiere. Zusätzlich erleichterten neuartige Sensen und hölzerne Dreschflegel die Arbeit des Bauern.

An Flüssen und Bächen errichteten die Menschen Wassermühlen. Durch die Wasserkraft ging das Mahlen des Getreides schneller als früher, als die Mühlsteine von Menschen oder Tieren bewegt wurden.

M4 *Arbeit im Juni, August, Oktober und November*

115

1 Male ein Bild zum Thema „Dorfleben im Mittelalter".

2 Lies den Text „Leben in der Dorfgemeinschaft".
a) Die gleichen Abmachungen und Regeln wie im Mittelalter gibt es heute in den Gemeinden nicht mehr. Erkundige dich, welche Vereinbarungen und Vorschriften das Zusammenleben in eurer Gemeinde regeln. Sprecht darüber.
b) „Nachbarschaftshilfe"
– Was verstehst du darunter?
– Welche Hilfen sind deiner Meinung nach sinnvoll?
– Schreibe zu diesem Thema einen Artikel für die Schülerzeitung.

Leben in der Dorfgemeinschaft

Im mittelalterlichen Dorf mussten die Menschen Abmachungen treffen. Alle Bewohner nutzten gemeinsam die Wiesen und Waldgebiete außerhalb des Dorfes. Man nannte diese Gemeindeflächen **Allmende**. Die Bauern legten zum Beispiel fest, wie viel Holz jeder fällen und wie viele Schweine jeder in den Wald zum Mästen treiben durfte. Für das Hüten des Viehs bestimmte die Dorfgemeinschaft einen Hirten. Er trieb die Kühe, Schweine, Gänse oder Ziegen auf die Allmende.

In allen Bereichen des täglichen Lebens waren die Leute im Dorf auf gegenseitige Hilfe angewiesen. Sie bauten Wege, verteidigten das Dorf gegen Feinde und halfen einander bei der Arbeit und in Notsituationen. Brannte zum Beispiel ein Bauernhaus ab, musste jeder beim Löschen helfen. Die betroffene Familie fand Unterkunft in der Nachbarschaft, das Vieh wurde auf verschiedene Ställe verteilt und so gut wie möglich mitversorgt. Bei Geburt, Taufe, Hochzeit und Tod nahm die ganze Gemeinde Anteil. Die Regeln wurden in jedem Dorf von den Alten an die Jungen weitergegeben. Später entstand daraus das Dorfrecht.

M1 *Trauungsszene vor der Kirche (Holzschnitt)*

M2 *Kirchweih zu St. Georg*

M3 *Taufe*

Die Kirche im Dorf

Zu jedem größeren Dorf gehörte eine Kirche. Die Kirchenglocken riefen zur Messe an Sonn- und Feiertagen. Sie warnten aber auch die Dorfbewohner vor feindlichen Angriffen. Die Mahlzeiten und der Feierabend wurden ebenfalls täglich eingeläutet. Die Feste und Feiern richteten sich nach dem Kirchenjahr. Der Pfarrer segnete im Frühjahr die Felder und das Saatgut, führte im Sommer Prozessionen und Bittgänge für eine reiche Ernte durch. Er feierte mit der Gemeinde das Erntedankfest im Herbst.

Die Kirche bot den Bauern und ihren Familien in Notzeiten Schutz. Auf dem Kirchplatz fanden Jahrmärkte und das Kirchweihfest statt. Alle Feste und Feiern waren für die Dorfbewohner eine willkommene Abwechslung in ihrem Alltag. Während sie sich sonst hauptsächlich von Haferbrei, Brot und gekochtem Gemüse ernährten, leisteten sie sich an Festen Fleisch, Süßspeisen, Bier und Wein. Nach der üppigen Mahlzeit spielten Musikanten zum Tanz auf.

Dorfpfarrer

Die meisten Pfarrer waren arm. Die Gebühren für Taufen, Hochzeiten und Beerdigungen bildeten oft ihr einziges Einkommen. Auf dem Boden, der der Kirche gehörte, bauten sie Getreide, Obst und Gemüse für den eigenen Bedarf an. Zu ihren Aufgaben gehörte nicht nur die Messe zu lesen, sondern auch die Krankenpflege und die Hilfe für Notleidende.

Dorfgericht

Der Dorfvorsteher hieß in Bayern Schultheiß oder auch Vogt. Er leitete Versammlungen und war Vorsitzender des Dorfgerichts. Er regelte kleinere Streitigkeiten, wie leichte Körperverletzungen, Beleidigungen, Diebstähle und Erbschaftsangelegenheiten.

Aufgaben

3 Beschreibe M1 und M2. Sammle Bilder von heutigen Hochzeiten und vergleiche mit früher.

4 Schreibe auf, welche Feste in deiner Gemeinde heute noch gefeiert werden.

M1 *Eintritt ins Kloster*

M2 *Nonnen beim Gebet (mittelalterliche Buchmalerei)*

„Bete und arbeite!"

Der Glaube an Gott und die Vorstellung, dass es Himmel und Hölle gibt, spielten im Mittelalter eine wichtige Rolle. Für das Seelenheil nach ihrem Tod schenkten deshalb viele Menschen ihren Besitz der Kirche. Manche Eltern schickten ihre Söhne und Töchter in ein **Kloster**, damit diese für sie beten sollten oder traten selbst einem geistlichen Orden bei.

529 n. Chr. gründete Benedikt von Nursia in Monte Cassino südlich von Rom das erste abendländische Kloster und gab der Mönchsgemeinschaft die „Regel des heiligen Benedikt". Diese Regel wurde Grundlage des ersten Mönchsordens, der Benediktiner, und auch vieler späterer Orden. Das Leben in einem Kloster war hart. Der Grundsatz lautete: „Ora et labora", das bedeutet „Bete und arbeite".

Der Abt, der würdig ist ein Kloster zu leiten, soll stets daran denken, wie er genannt wird (abbas = Vater) und den Namen eines Oberen durch seine Taten rechtfertigen. Denn er gilt als Stellvertreter Christi im Kloster …

Niemand darf sich unterfangen, ohne Erlaubnis des Abtes etwas zu verschenken oder anzunehmen, noch irgend etwas Eigenes zu besitzen, überhaupt keine Sache: weder ein Buch noch Schreibtafel noch Griffel; sondern überhaupt gar nichts; es ist ihnen ja nicht erlaubt über ihren Leib und ihren Willen frei zu verfügen. Alles Nötige sollen sie vom Abt des Klosters erhoffen. Und alles sei allen gemeinsam.

Müßiggang ist der Feind der Seele. Daher müssen sich die Brüder mit ihrer Hände Arbeit, zu bestimmten Stunden mit heiliger Lesung beschäftigen.

M3 *Aus der Regel des Benedikt von Nursia (529 n. Chr.)*

M4 *Ein Mönch und ein weltlicher Helfer arbeiten in der Schreibstube (Buchmalerei um 1040).*

M5 *Krankenzimmer im Mittelalter*

Das Kloster – ein Ort mit vielen Aufgaben

Die Menschen der Umgebung wurden im Kloster medizinisch versorgt. Die Nonnen und Mönche pflegten alte Menschen und versorgten Arme mit Essen, Trinken und Unterkunft.
Im Mittelalter waren die Mönche lange Zeit die einzigen Menschen, die lesen und schreiben konnten. In den Bibliotheken der großen Klöster standen neben der Bibel auch naturkundliche Werke. Die Mönche gaben ihr Wissen an die Bevölkerung weiter.

Aufgaben

1 Bearbeite die Klosterregel des heiligen Benedikt (M3). Fasse den Inhalt mit eigenen Worten zusammen.

2 Beschreibe anhand der Abbildungen den Grundsatz der Benediktiner „Bete und arbeite".

3 Schreibe einen Führer durch die Klosteranlage (M6). Kläre zunächst unbekannte Begriffe.

4 Erstelle eine Liste der Handwerksberufe, die auf dem Plan (M6) verzeichnet sind.

5 Informiere dich, ob es in deiner Heimat ein Kloster gibt oder gab. Zu welchem Orden gehört es oder hat es gehört?

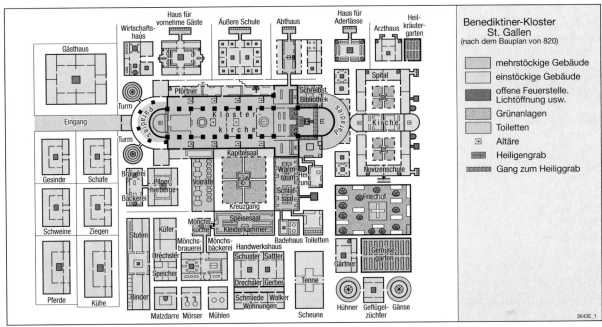

M6 *Bauplan des Klosters St. Gallen aus dem 9. Jahrhundert*

119

Spaziere anhand der Nummern durch diese Burg. Beantworte die einzelnen Fragen mit einer Partnerin oder einem Partner.

Leben auf der Burg

Eine Burg zu errichten war zunächst ein Vorrecht des Königs. Später bauten aber auch Herzöge, Grafen, Bischöfe und Ritter eigene Burgen. Sie waren der Wohnsitz des Burgherrn und zugleich der Mittelpunkt der Grundherrschaft. Im Kriegsfall konnten sich die Bauern in der Burg in Sicherheit bringen.

1 Das Pförtnerhaus
Der einzige Weg ins Innere der Burg führt durch das Burgtor. Es ist die schwächste Stelle in den dicken Mauern.

2 Der Wachraum
Hier sitzen die Torwächter, die gerade Pause haben.

3 Die Pferdeställe

4 Der Brunnen
Warum ist die eigene Wasserversorgung für Menschen und Tiere lebensnotwendig?

5 Die Schmiede
Für welche Arbeiten ist der Burgschmied verantwortlich?

M1 *Eine große Ritterburg. Die meisten Burgen waren wesentlich kleiner (Fantasiezeichnung aus heutiger Zeit)*

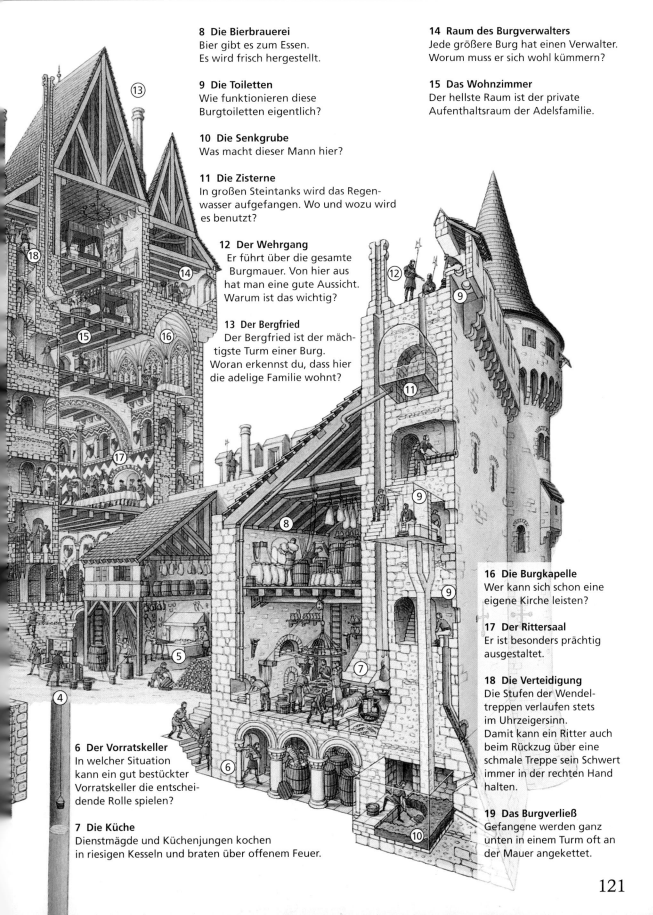

8 Die Bierbrauerei
Bier gibt es zum Essen.
Es wird frisch hergestellt.

9 Die Toiletten
Wie funktionieren diese
Burgtoiletten eigentlich?

10 Die Senkgrube
Was macht dieser Mann hier?

11 Die Zisterne
In großen Steintanks wird das Regen-
wasser aufgefangen. Wo und wozu wird
es benutzt?

12 Der Wehrgang
Er führt über die gesamte
Burgmauer. Von hier aus
hat man eine gute Aussicht.
Warum ist das wichtig?

13 Der Bergfried
Der Bergfried ist der mäch-
tigste Turm einer Burg.
Woran erkennst du, dass hier
die adelige Familie wohnt?

14 Raum des Burgverwalters
Jede größere Burg hat einen Verwalter.
Worum muss er sich wohl kümmern?

15 Das Wohnzimmer
Der hellste Raum ist der private
Aufenthaltsraum der Adelsfamilie.

16 Die Burgkapelle
Wer kann sich schon eine
eigene Kirche leisten?

17 Der Rittersaal
Er ist besonders prächtig
ausgestaltet.

18 Die Verteidigung
Die Stufen der Wendel-
treppen verlaufen stets
im Uhrzeigersinn.
Damit kann ein Ritter auch
beim Rückzug über eine
schmale Treppe sein Schwert
immer in der rechten Hand
halten.

19 Das Burgverlies
Gefangene werden ganz
unten in einem Turm oft an
der Mauer angekettet.

6 Der Vorratskeller
In welcher Situation
kann ein gut bestückter
Vorratskeller die entschei-
dende Rolle spielen?

7 Die Küche
Dienstmägde und Küchenjungen kochen
in riesigen Kesseln und braten über offenem Feuer.

121

1 Ritter in voller Rüstung waren schwer auseinander zu halten. Erkläre anhand M1, woran man sie dennoch erkennen konnte.

2 Berichte als Reporter in einer „live-Reportage" von einem Ritterturnier.

3 Entwirf ein Schildwappen für einen Ritter.

M1 *Ritterturnier*

M2 *In voller Rüstung*

Ohne Furcht und Tadel

Die Ritter trafen sich mehrmals im Jahr zu Ritterspielen, den **Turnieren**. Diese Turniere waren oft mehrtägige Feste, auf die sich Edelfrauen und Ritter gleichermaßen freuten. Die Frauen nutzten die Gelegenheit ihre prachtvollen Gewänder vorzuführen. Die Männer erprobten im Wettkampf ihre Reitkünste und den Umgang mit den Waffen. Für alle Beteiligten boten die Turniere eine willkommene Abwechslung vom eintönigen Burgleben, sie waren aber auch Übung für den Ernstfall. Obwohl sie mit geschützten Lanzen kämpften, wurden Ritter bei einem Turnier häufig verletzt oder sogar getötet.

Nicht nur im Kampf erwartete man von einem Ritter faires, anständiges und vorbildhaftes Benehmen. Mit diesem Amt war auch die Treue gegenüber seinem Herrn, der Schutz aller Schwachen und die respektvolle Haltung gegenüber jeder Frau verbunden.

M3 *Hölzerner Gegner Ritter übten den Kampf an einer Holzpuppe.*

M4 *Kopfschmuck adliger Damen*

Aufgabe

4 Trage in eine Tabelle ein:
a) Eigenschaften, die Frauen im Mittelalter haben sollten um verehrt zu werden.
b) Eigenschaften, die Frauen heute haben sollen um verehrt zu werden.
c) Stelle die gleiche Tabelle für Männer auf.

Angebetet und verehrt

Während die Buben als Page oder als Knappe dienten, erlernten die Mädchen hauptsächlich, wie man einen Haushalt führte. Kochen, Spinnen und Weben musste jede adlige Dame beherrschen. Viele lernten Lesen und Schreiben, einige sogar Fremdsprachen wie Französisch und Latein. Die Pflege der Kranken und Verwundeten gehörte ebenso zu den Aufgaben einer Burgherrin wie die Verwaltung der Burg in Abwesenheit des Ritters. Außerdem war sie für die Bewirtung und Unterbringung der Gäste zuständig.

Schon im Alter von etwa vierzehn Jahren wurde ein Mädchen verheiratet. Den Ehemann suchten die Eltern aus und gaben ihrer Tochter eine Mitgift, eine standesgemäße Aussteuer, mit. Nach ihrer Hochzeit hatte die Frau Dienstboten für die Hausarbeit und Ammen für die Kinder. Sie genoss hohes Ansehen, sobald sie einen Erben zur Welt gebracht hatte.

Die verheiratete, adlige Dame wurde von den Rittern verehrt. Ihr widmete der Ritter oft Gedichte und Lieder, in denen er seine Liebe ausdrückte. Wenn er tugendhaft war, musste er auf die Angebetete verzichten. Auch der Frau war es nicht erlaubt, die Gefühle zu erwidern.

M5 *Schmuck*

M6 *Evangeliar*

M7 *Schild eines Ritters*

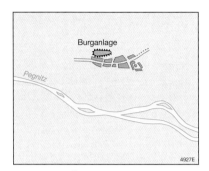

M1 *Nürnberg um 1040*

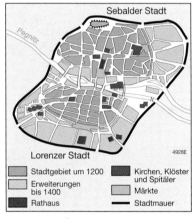

Stadtgebiet um 1200 | Kirchen, Klöster und Spitäler
Erweiterungen bis 1400 | Märkte
Rathaus | Stadtmauer

M2 *Nürnberg um 1400*

Städte entstehen

Im 9. Jahrhundert gab es im Deutschen Reich etwa 5 Millionen Einwohner und etwa 40 Städte. In diesen Städten wohnten oft weniger als 2000 Menschen. Doch bereits 500 Jahre später betrug die Bevölkerung etwa 12 Millionen und es gab nahezu 3000 Städte.

Warum die Zahl der Städte seit dem 11. Jahrhundert ständig zunahm, hatte verschiedene Gründe.

Die Bauern erzielten durch Fortschritte in der Landwirtschaft reichere Ernten. Die Menschen konnten sich besser ernähren, es starben weniger Leute an Seuchen. Deshalb wuchs die Bevölkerung an. Dadurch bekamen die Grundherren mehr Abgaben und wurden reicher. Ihre Ansprüche stiegen. Sie wünschten edlere Stoffe, Gewürze und Schmuck, welche die Handwerker und Bauern aus den Dörfern nicht liefern konnten. Solche Waren mussten Kaufleute von weit her beschaffen. Um Klöster, Burgen und Herrensitze herum entstanden Märkte. Besonders geschickte Handwerker und Kaufleute siedelten sich dort an.

Ab dem 12. Jahrhundert gründeten immer mehr Fürsten und Könige an verkehrsgünstigen Stellen solche Marktorte. Aus ihnen entstanden die Städte. Am Beispiel der Stadt Nürnberg wird deutlich, wie aus einer Burganlage eine „Großstadt" entstanden ist.

M3 *Nürnberg um 1500*

Aufgaben

1 Beschreibe anhand von M1 – M3, wie Nürnberg entstanden ist.

2 Notiere, warum es nach dem 11. Jahrhundert mehr Städte gab.

M4

Das Leben in der Stadt

Für viele Menschen war das Leben in der Stadt verlockend. Sie fühlten sich sicher. Eine Stadtmauer mit Türmen, Toren, Wehrgängen und Schießscharten schützte die Bewohner und die Waren der Kaufleute. Nachts wurden die Stadttore geschlossen. Nachtwächter gingen mit Laternen durch die Gassen um Diebe abzuschrecken. In der Stadt herrschte Frieden. Keiner durfte Waffen tragen und Streitigkeiten musste ein Gericht klären.

Die Bewohner der Städte nannte man **Bürger**. Wer vom Land in die Stadt zog und dort ein Jahr unbescholten lebte, wurde freier Bürger. Er konnte über sein Eigentum selbst verfügen und sich durch seine Arbeit Wohlstand erwerben. Allerdings musste jeder, der etwas besaß, Steuern bezahlen.

In einer mittelalterlichen Stadt war wenig Platz. Deshalb wurden die Häuser eng aneinander gebaut. Man gewann mehr Wohnraum, wenn das Obergeschoss über das Untergeschoss hinausragte. Im Untergeschoss befanden sich oft Werkstatt, Geschäft und Lagerraum. In den Gassen zwischen den Häusern war es dunkel und stickig. Es gab aber auch freie Plätze mit Gemeinschaftsbrunnen. Dort trafen sich die Menschen nicht nur um Trinkwasser zu holen, sondern auch um Nachrichten auszutauschen. Trinkstuben und öffentliche Badehäuser standen allen zur Verfügung. Das eindrucksvollste Gebäude war das Rathaus. Es lag genau wie die Kirche meist am Marktplatz. Andere Gebäude fielen auf: die Getreidespeicher und die Häuser der Reichen. Da in der Stadt viele Kaufleute lebten, die gut rechnen und lesen können mussten, entstanden die ersten Schulen. Friedhöfe und Hinrichtungsstätten lagen außerhalb der Stadtmauer.

Aufgaben

3 Betrachte M4. Du siehst, an welchen Stellen Städte gebaut wurden. Schreibe auf.

4 Damals entstand der Spruch „Stadtluft macht frei". Erkläre.

5 Der mittelalterliche Stadtkern ist in Städten wie Nürnberg, Rothenburg, Nördlingen usw. gut erhalten. Diese Orte werden von vielen Touristen besucht.
a) Finde Gründe, warum das so ist.
b) Würdest du mit deiner Klasse gerne eine solche Stadt besuchen? Begründe.

125

M1 *Ratsversammlung in Augsburg – Siegel, Schlüssel und Stadtrechtsbuch liegen auf einem Kissen.*

Städte wurden frei

Vor dem 13. Jahrhundert waren Herzöge, Fürsten, Bischöfe oder Äbte die Besitzer der Städte. Als Stadtherren verlangten sie von den Bürgern Abgaben und gewährten ihnen dafür Schutz vor Feinden.

Später erhielten viele Städte das Recht auf Selbstverwaltung. Manche Grundherren schenkten ihren Städten die Unabhängigkeit als Dank für Treue und Ergebenheit. Andere Städte mussten sich das Recht erkaufen oder erkämpfen. Rathaus und Stadtsiegel waren Kennzeichen einer freien Stadt. Die reichsten Bürger hatten das Recht einen Stadtrat und einen Bürgermeister zu bestimmen.

Der Bürgermeister besaß die Schlüssel zu den Stadttoren, leitete die Gerichtsverhandlungen und Ratsversammlungen. Der Rat der Stadt bestand meist aus 12 Männern. Er erließ die verschiedensten Vorschriften: z. B. wie viel ein Pfund Rindfleisch kosten durfte, welche Kleidung jeder zu tragen hatte, welche Steuern erhoben wurden, welche Maße und Gewichte galten oder wie Verbrechen bestraft wurden.

So heißt es z. B. im Nördlinger Stadtrecht:

„… Wer den anderen schlägt und gefährlich stößt ohne Waffen, der muss einen Monat aus der Stadt.

… Wer auch dem anderen eine blutende Wunde schlägt, der muss ein Jahr aus der Stadt." [13]

Aufgaben

1 In jeder Stadt gibt es auch heute noch einen Stadtrat, in jeder Gemeinde einen Gemeinderat.
a) Finde in der Gemeindeordnung heraus, welche Vorschriften die Räte deiner Stadt oder Gemeinde erlassen.
b) Vergleiche mit den Beispielen aus dem Mittelalter.

2 a) Suche fünf freie Reichsstädte im Atlas, Karte: Bayern – physisch.
b) Begründe mithilfe von M4 auf S. 125, warum die Reichsstädte gerade an diesen Stellen entstanden sind.

3 Betrachte M2 und M4. Du siehst Personen, die auch im Text genannt werden. Beschreibe ihre Kleidung und ihre Tätigkeiten.

M2 *Marktszene*

Aufgaben

4 Betrachte die Marktszene (M4) auf S. 102/103.
a) Schreibe einen Einkaufszettel für Waren, die du auf dem Markt kaufen kannst.
b) Male ein Bild, wie der Markt heute aussehen könnte.
c) Nimm ein Verkaufsgespräch auf Kassette auf. Denke an Wortfetzen im Hintergrund, Geräusche, usw.

5 Was hältst du von den Strafen, wenn jemand gegen die Marktordnung verstößt (Quellentext)?

Markttag in der Stadt

Die Markttage in der Stadt waren etwas Besonderes. Dann kamen Bauern aus der Umgebung und boten Obst, Gemüse, Geflügel, Getreide, Eier und andere frische Waren an. Von den Einnahmen kauften sie Dinge, die sie selbst nicht herstellen konnten: Schuhe, Kessel, Stoffe usw. So entstand ein reger Handel zwischen Handwerkern und Bauern. Wer besondere Gewürze, Zierbänder oder Seidenstoffe kaufen wollte, musste zu den Ständen der Fernhändler gehen. Dort erfuhren die Leute auch die neuesten Nachrichten aus anderen Gegenden. Musikanten und Gaukler sorgten auf dem Markt für Unterhaltung. Beim Bader konnte man sich Zähne ziehen oder kleinere Beschwerden behandeln lassen. Während eines Markttages durfte weder gestritten, noch gerauft oder betrogen werden. Wer sich nicht daran hielt, wurde bestraft.

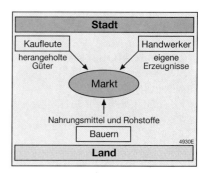

M3 *Treffpunkt Markt*

M4 *Marktszene*

Nach einer Münchner Marktordnung:

„... Wer heimlich lange Messer in den Hosen oder spitze Schwerter in breiten Scheiden trägt, der muss dem Richter 1260 Pfennig geben, der Stadt ebenso viel, oder ab die Hand ...
... Kein Metzger darf vor seiner Fleischbank einen Abfallhaufen haben. Schlachtabfälle müssen in den Bach geworfen werden. Wer das nicht tut gibt dem Richter 30 Pfennig, der Stadt ebenso viel ..."   [14]

M1 *Drei Handwerksberufe*

„Zünftig" arbeiten und leben – oder: Gemeinschaft macht stark

Aufgaben

1 Betrachte M1 und M2.
a) Ordne drei Zunftwappen den Bildern zu.
b) Zu welchen Berufen gehören die beiden anderen Wappen?

2 Lies den Text und schreibe heraus, was die Zünfte für die Handwerker regelten.

3 Viele Leute im Mittelalter konnten nicht lesen. Deshalb waren die Zunftwappen sehr wichtig. Warum?

4 Entwirf ein Wappen für die Berufe
• Schuhmacher,
• Töpfer,
• Weber,
• Maler.

Mehr als die Hälfte der Stadtbewohner waren Handwerker. Nicht jeder, der in die Stadt kam, durfte ein Handwerk ausüben. Dazu musste er Mitglied in der **Zunft** werden. Das war eine Gemeinschaft, zu der sich Handwerker eines Berufs zusammenschlossen. Sie hatte ein eigenes Wappen und bestimmte, wie viele Meister in einer Stadt arbeiten durften. Die Zünfte legten außerdem die Höhe der Löhne, den Verkaufspreis, die Arbeitszeit und die Ausbildung der Lehrlinge fest. Auf diese Weise hatte jeder sein Auskommen. Der Zunftmeister überwachte regelmäßig die Qualität der Waren.

Die Zünfte hatten auch großen Einfluss auf das Privatleben ihrer Mitglieder. Im Zunfthaus feierten die Familien gemeinsam Feste. Jede Zunft kümmerte sich um Mitglieder, die in Not geraten waren. Starb ein Meister, sorgte die Gemeinschaft für seine Frau und die Kinder.

Wer als Meister in eine Zunft aufgenommen werden wollte, musste zuvor ein bestimmtes „Meisterstück" anfertigen.

Die Zünfte gewannen mit der Zeit immer mehr Einfluss und Reichtum. So war es nur natürlich, dass sie bei der Verwaltung der Städte mitbestimmen durften.

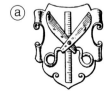

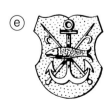

M2 *Zunftwappen*

Menschen in der Stadt

1. Ich bin Fernhandelskaufmann und handle mit Gewürzen und Pelzen. In der Schule lernte ich, wie man Briefe schreibt und wie man als Kaufmann rechnet. Früher kaufte ich selbst in ganz Europa Waren ein. Inzwischen erledige ich alle Geschäfte von meinem Büro, dem Kontor, aus. Ich habe mich mit anderen Kaufleuten zusammengeschlossen. Gemeinsam sorgen wir dafür, dass unsere Waren sicher befördert werden. Meine Familie gehört zu den reichsten der Stadt. Unser Haus ist mit prächtigen Giebeln und Glasfenstern geschmückt.

2. Ich wohne mit meiner Frau und den Kindern in einem kleinen Fachwerkhaus in der Töpfergasse. Meine Werkstatt habe ich im Erdgeschoss. Oben essen und schlafen wir. Ich habe einen Gesellen und einen Lehrling. Sie haben es gut bei mir. Noch nie hat sich einer bei der Zunft beschwert, dass ich ihn zu oft geschlagen habe. Nächsten Monat wird Martin, der Geselle, wieder auf Wanderschaft gehen. Er will ja auch bei anderen Meistern noch etwas lernen. Vielleicht kommt er nach seiner Meisterprüfung zurück, wenn eine Stelle frei ist.

3. Ich habe Glück, dass mich der Bäcker als Magd aufgenommen hat. So habe ich genug zu essen und der Meister erlaubt, dass ich meiner Familie an meinem freien Tag ein altes Brot bringe. Mein Vater findet nur selten Arbeit als Knecht, weil er alt ist. Meine Mutter ist krank und schwach. Ich habe noch acht jüngere Geschwister, die noch bei meinen Eltern in einer kleinen Hütte an der Stadtmauer wohnen. Alle Leute, die so arm sind wie wir, haben kein Bürgerrecht. Wir dürfen nicht ohne Erlaubnis heiraten und sind immer von den Reichen abhängig.

4. Ich gehöre zum „fahrenden Volk". Als Musikant unterhalte ich an Markttagen die Leute. In unserer Gruppe sind Jongleure, Akrobaten und eine Zigeunerin, die den Leuten aus der Hand liest. Die Menschen freuen sich über unsere Unterhaltung, halten uns aber für unehrlich. Jeden Abend müssen wir deshalb die Stadt verlassen. Unser Lager ist außerhalb der Stadtmauer. Bald ziehen wir weiter. Hoffentlich habe ich bis zum Winter so viel Geld verdient, dass ich mir wärmere Kleidung kaufen kann.

M3 *Einwohner*

Aufgaben

5 M3 zeigt einen Mönch, Kaufleute, Handwerker, eine Magd und einen Gaukler. Ordne die Personen den Texten (1–4) und den Buchstaben zu.

6 Vergleiche das Leben des Fernhandelskaufmanns mit dem der Magd. Schreibe Unterschiede auf.

7 Die Handwerker, die den gleichen Beruf ausübten, lebten in einer Gasse. So entstanden Straßennamen, die es zum Teil heute noch gibt. Finde heraus, ob es in deiner Gemeinde Hinweise auf solche Handwerkergassen gibt.

8 Besuche einen Wochenmarkt.
a) Stelle fest, welche Waren aus anderen Ländern kommen.
b) Frage nach, wie sie zu uns gelangen.

Begegnungen mit dem Fremden

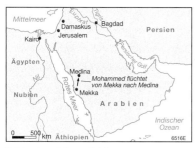

M1 *Arabien 622*

Aufgaben

1 Lies beide Texte.
a) Schreibe die wichtigsten Regeln des Islam auf.
b) Erkundige dich bei einem Moslem nach weiteren Regeln.
c) Was musst du bei einer Reise in ein islamisches Land beachten?

2 Betrachte die Karte M3 und lies den Text. In welche heutigen Länder sind die Muslime vorgedrungen?

Info

Der Islam

Der Name Islam heißt „Ergebung in den Willen Gottes". Der Islam ist eine Weltreligion. Sie geht auf den Propheten Mohammed zurück. Anhänger dieses Glaubens heißen Muslime, die Gottergebenen. Sie erkennen einen Gott an: Allah. Allahs Worte sind im Koran, dem Glaubensbuch, festgeschrieben. Jeder gläubige Muslim hat Pflichten. Die fünf wichtigsten sind: sich zum Glauben bekennen, fünf Mal am Tag beten, einmal im Leben nach Mekka pilgern, fasten im Monat Ramadan, Almosen spenden.

Im Morgenland entsteht eine neue Religion

Noch bevor sich im heutigen Europa das Christentum ausbreitete, entstand in Arabien eine neue Religion, der **Islam**. Arabien besteht hauptsächlich aus großen Wüsten. Dort leben die Beduinen ohne festen Wohnsitz. Sie ziehen mit ihren Kamelkarawanen von einer Oase zur nächsten. Damals verehrten sie viele verschiedene Götter. Die Oasenstadt **Mekka** war Ziel tausender Pilger. Über 300 Götter wurden dort an der **Kaaba**, einem großen, schwarzen, würfelförmigen Stein verehrt. Das brachte Mekka Wohlstand und Ansehen. Im Jahre 570 wurde in dieser Stadt Mohammed geboren. Wie viele fromme Menschen seiner Zeit unternahm er viele Reisen, auf denen er Juden und Christen begegnete. Immer bemüht, den wahren Gott zu erkennen, zog er in die Einsamkeit der Wüste. Auf einem Berg erschien ihm eines Nachts der Erzengel Gabriel. Danach begann Mohammed zu predigen: „Euer Gott ist einer allein. Es gibt keinen Gott außer ihm, dem Barmherzigen und Gnädigen ... Unter den Menschen gibt es welche, die sich außer Gott andere zu Göttern nehmen. Sie werden aus dem Höllenfeuer nicht herauskommen." (Koran, Sure 2) Mit seiner Lehre stieß Mohammed zuerst auf Ablehnung. Die reichen Kaufleute Mekkas fürchteten um ihre Einnahmen aus den Pilgerfahrten. Deshalb zog Mohammed nach Medina. Er gewann viele Anhänger und genoss großes Ansehen. Jahre später kehrte er nach Mekka zurück und zerstörte die fremden Götterbilder in der Kaaba. Danach erklärte er sie zum Heiligtum der neuen Religion, des Islam.

M2 *Der Engel Gabriel erscheint Mohammed*

Der Islam breitet sich aus

Nach Mohammeds Tod im Jahre 632 breitete sich der Islam schnell aus. Mohammeds Nachfolger waren die Kalifen. Sie herrschten als religiöse und weltliche Führer. Sie verfolgten vor allem das Ziel, die Religion des Islam zu verbreiten. Mohammed hatte nämlich verkündet, dass alle ins Paradies kommen werden, die im Kampf um den Glauben sterben. Sie eroberten mit ihren Reiterheeren im Namen Allahs Großteile von Süd- und Osteuropa. Die besiegten Völker durften ihren christlichen Glauben beibehalten. Allerdings mussten sie dann hohe Abgaben leisten. Deshalb traten viele zum Islam über. Die Franken wollten sich den Muslimen nicht unterwerfen. Als die Reiterheere der Kalifen immer wieder von Spanien aus ins Frankenreich vordrangen, bildeten die Frankenkönige selbst Kämpfer zu Pferde aus. Dies waren die Ritter. Sie verhinderten erfolgreich, dass sich der Islam im Frankenreich ausbreiten konnte.

Im Osten übernahmen die Türken, die früher weiter im Osten lebten, den muslimischen Glauben. Sie drangen mit ihren Reitern Richtung Mittelmeer vor. Dadurch erschwerten sie den christlichen Pilgern den Weg nach Jerusalem.

M4 *Jesus und Mohammed*

Aufgabe

3 Betrachte M4. Erkläre, warum Mohammed und Jesus zusammen auf einem Bild zu sehen sind.

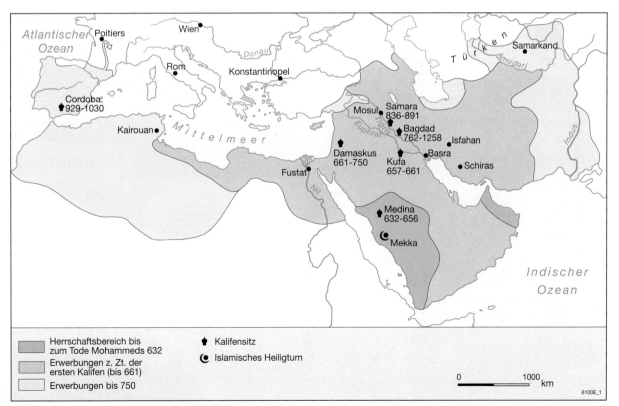

M3 *Ausbreitung des Islam*

Die Schätze des Orients kamen nach Europa

Der Handel mit Waren aus dem Orient wurde ausgeweitet. Durch die Händler kamen die „Ungläubigen" mit der europäi-

schen Kultur, die Europäer mit der orientalischen in Berührung. Alle Lebensbereiche waren betroffen.

Sprache:
- Amir-Al-Rahl (Emir der Flotte) → „Admiral"
- Jaffa → „Joppe"

Krankheiten: Pest, Lepra

Silber

Gold

Gewürze:
- Pfeffer
- Zimt
- Ingwer

Aufgaben

1 Damit du dir das Leben damals im Orient besser vorstellen kannst, lies ein „Märchen aus 1001 Nacht".

2 Vielleicht ist in eurer Klasse ein Schüler oder eine Schülerin aus der Türkei, dem Iran oder dem Irak.
a) Frage nach dem Leben in ihrer Heimat heute.
b) Veranstaltet ein Essen, zu dem jeder ein typisches Gericht seiner Heimat mitbringt.

3 Welche Waren aus der „Schatzkiste" gehören heute zum Alltag, welche gelten immer noch als Luxus? Stelle eine Tabelle auf.

Im Namen Gottes – die Kreuzzüge

Im Jahre 1095 rief Papst Urban II. zum **Kreuzzug** auf. Diesem Aufruf folgten viele Ritter, aber auch Bürger, Handwerker und Bauern. Sie machten sich aus den unterschiedlichsten Gründen auf den langen, gefahrvollen Weg nach Jerusalem. Manche erhofften Vergebung ihrer Sünden, weil sie dachten, das Ende der Welt sei nah. Andere suchten fruchtbare Ackerflächen, weil Dürre oder Überschwemmungen ihre Ernten vernichtet hatten. Außerdem war die Bevölkerung in Europa stark angewachsen. Landbesitz lockte genauso wie das ewige Himmelreich. Einig waren sich alle: Jerusalem, die heilige Stadt der Christen, musste von den Gottlosen befreit werden.

Tausende von Menschen brachen von Europa aus ins Heilige Land auf. Nicht wenige kamen unterwegs ums Leben. Hitze, Kälte, Hunger, Durst und Krankheiten zwangen andere zur Umkehr. Vier Jahre dauerte der Marsch. Die Kreuzfahrer schreckten vor Plünderung, Zerstörung und Mord nicht zurück. Nach fünfwöchiger Belagerung nahmen sie Jerusalem ein. Für etwa 50 Jahre blieb die Stadt unter der Herrschaft der Kreuzritter. Danach fanden weitere Kreuzzüge statt, sogar ein Kinderkreuzzug. Die Kinder erreichten nicht das Ziel und viele Menschen kamen dabei um.

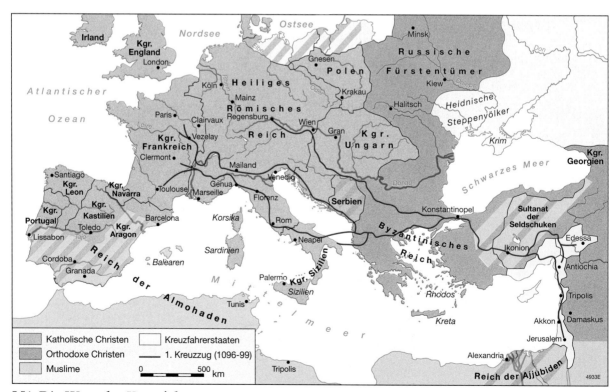

M1 *Die Wege der Kreuzfahrer*

M3 *Muslime greifen christliche Pilger an, Darstellung um 1250*

M2 *Eroberung Jerusalems aus christlicher Sicht, Darstellung: Französische Buchmalerei um 1450*

Ein Augenzeuge berichtet von der Eroberung Jerusalems:

„Nach dem fürchterlichen Hinmorden der Sarazenen kehrten die Christen siegreich vom Palast zur Stadt zurück und machten nun viele Scharen von Heiden, die in ihrer Todesangst durch die Gassen irrten, mit dem Schwert nieder. Weiber, die in Häuser und Paläste geflohen waren, durchbohrten sie mit dem Schwert. Kinder, noch saugend, rissen sie an den Füßen von der Brust der Mutter oder aus den Wiegen und warfen sie an die Wand und auf die Türschwellen. Andere machten sie mit Waffen nieder, andere töteten sie mit Steinen. Kein Heide wurde verschont. Wer zuerst in ein Haus oder einen Palast eindrang, behielt diesen in Besitz, mit allem Gerät, Getreide, Wein und Öl, Geld und Kleidern und allen Besitztümern. So wurden die Pilger Herren und Besitzer der ganzen Stadt." [16]

Aufgaben

1 Betrachte M1 und schreibe auf:
– Zeitraum des Kreuzzuges
– Namen der Länder, von denen der Kreuzzug ausging.

2 Vergleiche die Quelle (15) und Quelle (16) mit den zehn Geboten. Sprecht darüber.

3 Beschreibe M2.

4 Welche Wirkung sollte mit M3 erzielt werden? Begründe.

Baudenkmal erkunden

Auf Spurensuche

Noch heute übt das Mittelalter auf viele Menschen eine große Anziehungskraft aus: Zum Vergnügen speisen sie wie an einer Rittertafel, besuchen Ritterfestspiele oder mittelalterliche Handwerkermärkte oder schließen sich zu Vereinen zusammen um in ihrer Freizeit wie im Mittelalter zu leben.

In vielen Dörfern und Städten finden wir bis in die Gegenwart erhaltene Spuren aus dieser Zeit. Burgen, Klöster, Stadtmauern, Stadttürme, Straßennamen, Fachwerkhäuser geben uns über die damalige Lebensweise Auskunft.

Ein Baudenkmal aus der Nähe zu betrachten, macht mehr Spaß als sich aus Büchern oder Filmen zu informieren. Hier findest du eine Anleitung, wie du ein solches Baudenkmal selbstständig erkunden kannst:

1. Vorbereitung der Erkundung

Wähle ein geeignetes Objekt in der Nähe deiner Heimatgemeinde aus.

Hinweise dazu findest du in Chroniken, Stadtführern, Pfarreien, Bibliotheken usw.

Vor jeder Erkundung ist wichtig, dass du genau weißt, welches Ergebnis du am Ende haben willst, z. B. einen Bericht, ein Theaterstück, eine Wandzeitung oder eine Fotoausstellung. Historische Baudenkmäler kann man vermessen, zeichnen oder nachbauen. Man kann ihre damalige Aufgabe mit heute vergleichen. Je nach Schwerpunkt deiner Erkundung plant du Termine, Interviews, Besichtigungen und den Zeitaufwand für die Auswertung.

Lege auf jeden Fall den Tag fest, an dem dein Ergebnis vorgestellt werden soll. Erstelle einen Arbeitsplan. Besorge dir das benötigte Arbeitsmaterial, z. B. Notizblock, Kassettenrecorder, Fotoapparat.

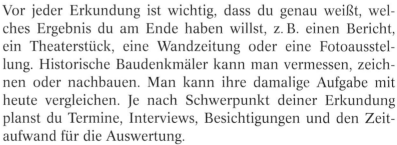

2. Durchführung der Erkundung

Wichtige Tipps:
- Achte auf sorgsamen Umgang mit den Gegenständen, Denkmälern.
- Sei freundlich und höflich im Umgang mit Interviewpartnern.
- Frage immer vorher nach, ob Fotografieren oder Kassettenmitschnitt erlaubt sind.

3. Auswertung

- Ordne deine Ergebnisse nach Teilüberschriften.
- Fertige saubere Darstellungen.
- Achte darauf, dass deine Ergebnisse für andere etwas Neues enthalten.
- Schreibe genau auf, mit welchen Worten du den anderen dein Ergebnis vorstellen möchtest.
- Überlege dir, an welcher Stelle du ein Foto, ein Hörbeispiel, einen Filmausschnitt oder eine Zeichnung einsetzen willst.

4. Präsentation

- Stelle die Geräte bereit, die du brauchst, wie Kassettenrecorder, Pinnwand, Tafel, Video, Beamer.
- Sprich langsam und deutlich, schau die Zuhörer an, plane Sprechpausen für Zwischenfragen ein.

5. Nachbereitung

Frage dein Publikum, wie ihm dein Vortrag gefallen hat, was besonders gut gelungen ist und was du beim nächsten Mal verbessern kannst.

Perspektivenwechsel

Muslime und Kreuzritter

M1 *Weihrauchhändler*

Zur Zeit der Kreuzzüge hatten die Kreuzritter die Muslime besiegt und herrschten in Jerusalem mit oft grausamer Härte. Einige der Ritter kehrten in die Heimat zurück, die anderen lebten dort zusammen mit den Einheimischen.

Ein Kreuzritter erzählt auf dem Markt einem fränkischen Kaufmann: „Unsere Pilger verfolgten die Araber und lieferten sich den ganzen Tag blutige Kämpfe. Dann durcheilten sie die Stadt und rafften Gold, Silber, Pferde und Esel an sich. Vor Freude weinend gingen die Unsrigen dann das heilige Grab verehren." [17] Ein muslimischer Weihrauchhändler, der gerade einen Mekkapilger bedient, hört das und flüstert seinem Kunden zu: „Warum hat Allah uns solche Qualen auferlegt? Dass wir uns diesen Heiden unterwerfen müssen! Unsere Kultur ist für sie nichts wert. Sie missachten sie, anstatt sie zu nutzen." Der Kunde berichtet daraufhin: „Ein Muslim darf in den christlichen Ländern nicht bleiben, er darf nur durchreisen, sonst drohen ihm Pein und Schrecken. Ach, bewahre uns vor dem Betreten dieser Länder! Muslimische Gefangene laufen dort in Fesseln und werden wie Sklaven zum Arbeiten eingesetzt. Die weiblichen Gefangenen leben mit Eisenringen an den Beinen." [18]

200 Jahre lang lebten Christen zusammen mit den Muslimen im Heiligen Land. Aus anfänglicher Verachtung wuchs bei den Christen mit der Zeit Bewunderung für die Baukunst, den Stand der Naturwissenschaften und das medizinische Können der Ärzte. Viele Muslime dagegen verachteten die „unzivilisierten" Ungläubigen und eroberten Jerusalem schließlich zurück.

Sie führten mir einen Ritter vor, der einen Abszess (Geschwür) am Bein hatte. Ich machte ein erweichendes Pflaster und der Abszess besserte sich.
Später kam ein fränkischer Arzt vorbei. Er sagte zum Ritter: „Der da weiß doch gar nicht, wie so etwas zu behandeln ist" und fragte ihn: „Was willst du lieber: Mit einem Bein leben oder mit beiden Beinen tot sein?" Der Ritter antwortete: „Mit einem Bein leben!" Da sagte der fränkische Arzt: „Holt mir ein scharfes Beil!" Er schlug, unter meinen Augen, einmal zu und da das Bein noch nicht abgetrennt war, ein zweites Mal. Das Mark des Beines spritzte weg und der Ritter starb sofort.
Da fragte ich: „Habt ihr mich noch nötig?" Der Arzt verneinte und ich ging weg.   [19]

M2 *Arabischer Arzt berichtet*

M3 *Mordende Kreuzritter, arabische Darstellung*

M4 *Zerstörte Kreuzritterburg im heutigen Syrien*

M5 *Mittelalterliche Darstellung, wie man eine Burgmauer zum Einsturz bringt.*

Saladin besiegt die Kreuzritter

Arim san ed-Benlik, ein Diener des Sultans Saladin, erzählt von den Taten seines Herren: „Rainald von Châtillon überfiel während eines Waffenstillstandes eine unserer Karawanen und raubte die Schwester Saladins. Mein Herr forderte Genugtuung, aber Rainald lachte die Gesandten des Sultans nur aus. Es kam zu einer Schlacht. Nach einem erschöpfenden Ritt über die Berge standen sich 30 000 Muslime und 1200 Ritter im Kampf gegenüber. In der Nacht, nachdem die Christen ihr Lager aufgeschlagen hatten, entzündeten wir Gestrüpp und der Rauch trieb auf die Zelte der Franken zu. Im Morgengrauen schwärmten unsere berittenen Bogenschützen aus und beschossen das Christenheer aus sicherer Entfernung. Am Tag gab es für die Christen nur noch eine Losung: siegen oder sterben. Saladin brachte Rainald in seine Gewalt und ließ ihm den Kopf abschlagen. Saladin rief: ‚Dieser von Allah Verfluchte hat zu oft sein Wort gebrochen, zu verbrecherisch sind seine Taten gewesen, selbst Mekka und Medina wollte er zerstören.‘ Zwei anderen Rittern schenkte er das Leben." [20]. Diese Niederlage bedeutete zugleich das Ende des christlichen Königreichs von Jerusalem.

Aufgaben

1 Lies den Text „Muslime und Kreuzritter".
a) Vergleiche die Erzählung des Kreuzritters mit M3 und berichte den gleichen Vorfall aus der Sicht eines Arabers.
b) Versetze dich in die Lage des Pilgers. Was hat er wohl empfunden, als er seine Landsleute als Sklaven gesehen hat? Schreibe seine Gefühle auf.

2 Lies M2. Wie sehen Araber und Franken jeweils die medizinischen Fähigkeiten der anderen? Nimm Stellung dazu.

3 Gestalte die Geschichte „Saladin besiegt die Kreuzritter" zu einem Märchen mit gutem Ausgang um.

139

Ein „mittelalterliches" Schulfest

Im Mai feierte die Hefner-Alteneck-Schule in Aschaffenburg ein Schulfest unter dem Motto „Markt im Mittelalter". Schüler, Lehrer und Eltern waren wochenlang mit den Vorbereitungen beschäftigt. Die Hauptschüler bauten die Kulissen und halfen den Grundschülern beim Herrichten der Marktstände. Kostüme wurden selbst genäht oder ausgeliehen.

Zu Beginn des Festes zogen Burgfräulein, Ritter und Bürger auf die Bühne und der Ratsherr eröffnete mit einer Rede den Markt. Jede Klasse leistete einen Beitrag zum Fest: Die einen veranstalteten ein Ritterturnier, andere führten ein Singspiel vor. Wahrsager, Feuerschlucker und Jongleure traten auf. Informations- und Handwerkerstände gaben einen Einblick in das mittelalterliche Leben. Die Eltern verkauften Speisen und Getränke nach mittelalterlichen Rezepten.

Ist das vielleicht eine Anregung für ein Schulfest an deiner Schule?

Das Wichtigste kurz gefasst:

Fortleben des Römischen Reiches im Mittelalter

Karl der Große festigte und vergrößerte das Reich. Er unterstützte den Papst bei der Verbreitung des Christentums und fühlte sich für den Schutz der Kirche verantwortlich.

Nach seinem Tod zerfiel das Reich in drei Teile: Das Westfränkische Reich (das heutige Frankreich), das Ostfränkische Reich (das heutige Deutschland) und das Königreich Italien.

Lebensbedingungen

Otto der Große siegte 955 in der Schlacht auf dem Lechfeld gegen die Ungarn und festigte so den Zusammenhalt aller Stammesfürsten im deutsch-römischen Reich. Ebenso wie Karl der Große nahm er seinen Auftrag, das Christentum zu verbreiten, sehr ernst. Zusammen mit seiner Familie gelang es ihm, Ostgebiete zu missionieren. Gleichzeitig ließ er dort neben Klöstern Siedlungen errichten und Straßen bauen.

Die Herrschaft im Mittelalter wurde durch Lehenswesen, Grundherrschaft und Leibeigenschaft geprägt. Die Bauern waren von ihren Grundherren abhängig, hatten wenig Rechte, mussten Frondienste leisten und Abgaben zahlen.

Lebenskreise

Im Dorf halfen sich die Bewohner gegenseitig und nutzten gemeinsam die Allmende. Feste und Feiern richteten sich nach dem Kirchenjahr. Dreifelderwirtschaft und modernere Geräte erhöhten die Erträge in der Landwirtschaft.

Städte durften einen Markt abhalten und verwalteten sich selbst. Die Bewohner gehörten unterschiedlichen sozialen Gruppen an.

In den Klöstern sorgten Nonnen und Mönche für Schulbildung und kümmerten sich um Arme und Kranke.

Ritter waren Berufskrieger und schützten das Land. Sie gehörten dem niederen Adel an und pflegten ein höfisches Leben.

Grundbegriffe
- Pfalz
- Karolinger
- Ottonen
- Lehen
- Vasall
- Dreifelderwirtschaft
- Allmende
- Kloster
- Turnier
- Bürger
- Freie Reichsstadt
- Zunft
- Islam
- Mekka
- Kaaba
- Kreuzzug

Begegnung mit dem Fremden

Mohammed gründete eine neue Religion, den Islam. Nach seinem Tod breitete sich der Glaube rasch aus. Durch die Kreuzzüge, in denen viele Menschen zu Tode kamen, fand zwischen Morgen- und Abendland ein reger Kulturaustausch statt.

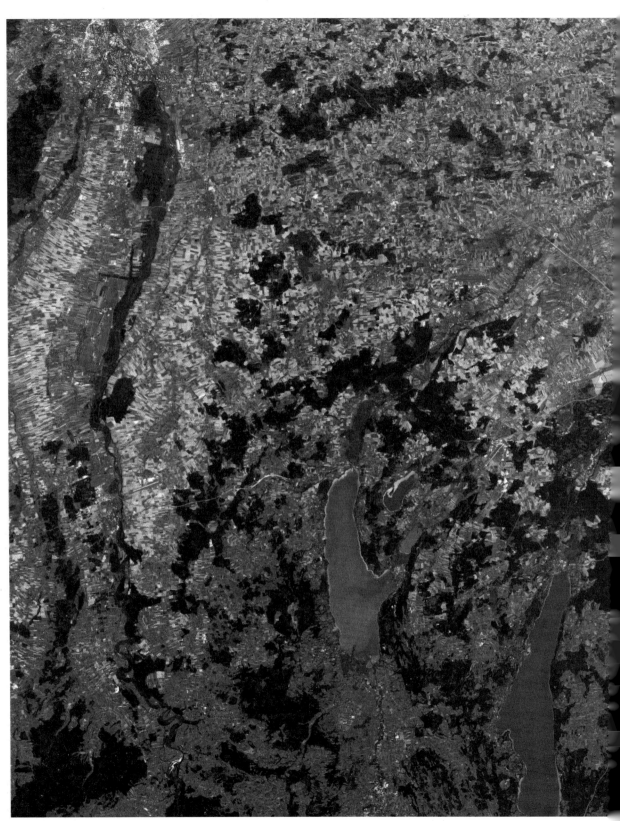

M1 *München, Augsburg – Stadt und Umland (Satellitenaufnahme)*

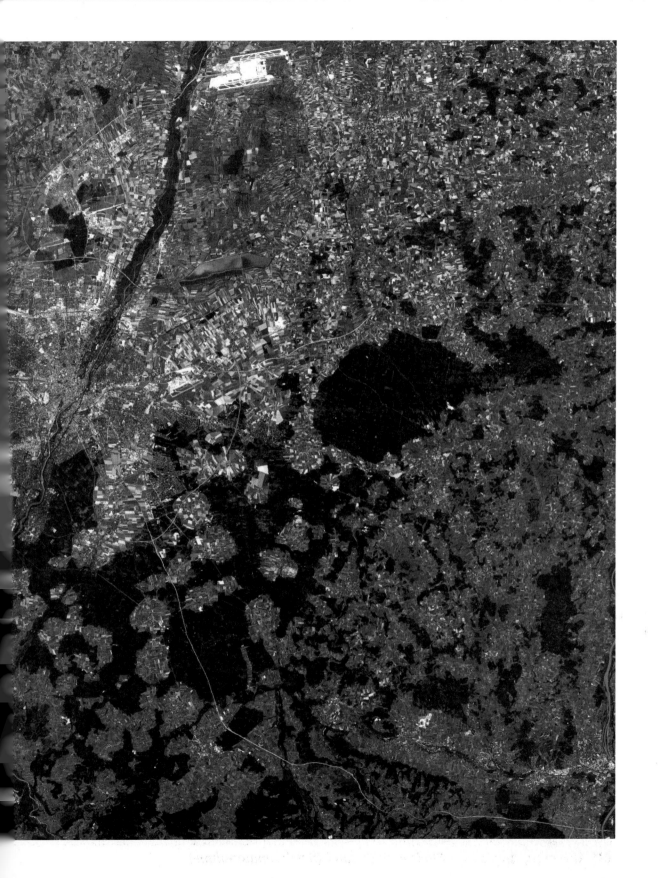

Städtische und ländliche Siedlungen

M1 *Heißluftballon*

Ballonfahrt über Regensburg

Herr Brunner ist Lehrer einer sechsten Klasse in Regensburg. Vergangene Woche hat er an einer Ballonfahrt teilgenommen. Am nächsten Tag kommt er ganz begeistert in die Klasse und erzählt: „In Adlersberg sind wir gestartet. Der Wind trug uns in südöstlicher Richtung davon. Wir fuhren über das Westbad. Das ist ein wichtiges **Erholungsgebiet** in der Stadt. Später konnten wir ganz deutlich die **Altstadt** erkennen. Hier stehen die alten Häuser dicht gedrängt. Es waren aber auch Plätze und schmale Gassen zu sehen. Wir entdeckten den Dom, die Steinerne Brücke, das Alte Rathaus und viele Türme. Wir konnten aber auch andere **Stadtviertel** von oben betrachten. So haben wir die neuen Häuser in Königswiesen-Süd gesehen. Das ist ein reines **Wohngebiet**. Die **Industriegebiete** befinden sich vor allem im Osten der Stadt. Wir haben sie in der Ferne erkannt. Die großen Straßen des Verkehrsnetzes durchziehen die Stadt wie Adern. Das Autobahnkreuz sieht von oben wie ein riesiges Kleeblatt aus!

Jetzt bereiteten wir uns auf die Landung vor und hielten Ausschau nach einer freien Fläche. Langsam verloren wir an Höhe und einmal berührte der Korb die Wipfel der Bäume. In Oberisling ging unsere Fahrt nach eineinhalb Stunden mit einer sanften Landung zu Ende."

M2 *Die Altstadt von Regensburg*

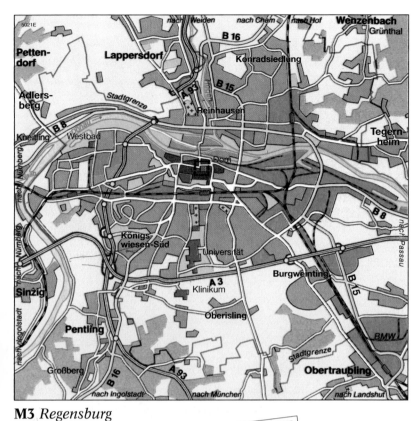

M3 *Regensburg*

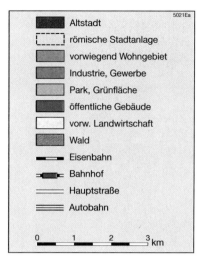

M4 *Westbad*

M5 *Königswiesen-Süd*

Aufgabe

1 Verfolge den Weg des Ballons auf der Karte vom Startpunkt Adlersberg bis zur Landestelle in Oberisling.

a) Lege Transparentpapier auf die Karte und trage die Route ein.

b) Von welchen Stellen aus wurden die Fotos aus dem Ballon aufgenommen? Markiere sie ebenfalls in der Skizze.

c) Suche die Altstadt, Königswiesen-Süd und das Westbad auf der Karte. Woran hast du die Fotos auf der Karte wiedererkannt?

145

M1 *Alte Ansicht einer Dorfstraße*

Frau Steiner, 35 Jahre, berichtet:

Vor drei Jahren gaben mein Mann und ich unsere Landwirtschaft auf. Deshalb verkauften oder verpachteten wir unsere Felder und bauten das Wohnhaus und den Stall um. Mein Mann ist nun Monteur bei Audi in Ingolstadt. Ich arbeite in Parsberg als Verkäuferin in einer Bäckerei. In Parsberg erledige ich die meisten Einkäufe. Meine beiden Kinder freuen sich, wenn ich aus dem Bioladen leckere Tomaten oder Joghurt mitbringe. Manchmal besorge ich in der Eisdiele ein paar Eiskugeln.

Seitdem ich am Abend nicht mehr in den Stall muss, kann ich viel mehr unternehmen. Ich besuche mit meinen Freundinnen in Breitenbrunn regelmäßig ein Fitnesstraining. Anschließend gehen wir noch in der Pizzeria einen Salat essen. Demnächst machen mein Mann und ich einen Tanzkurs.

Herr Auer, 78 Jahre, erinnert sich:

Vor etwa 60 Jahren lebten in unserem Dorf fast nur Landwirte. Sie bauten ihre Häuser aus Bruchsteinen und Sandmörtel. Der Rinderstall befand sich im Haus. Die Schlafräume lagen über dem Stall, damit sie im Winter nicht so kalt waren. Federvieh und Jungtiere wurden zeitweise in der Küche gehalten. Bei vielen Höfen schloss sich an das Haus eine Scheune an. Zu jedem Anwesen gehörte ein frei stehender Backofen, den die Bäuerin alle vier Wochen anheizte und darin Brot backte. Wir lebten hauptsächlich von den Lebensmitteln, die der Hof erzeugte: Brot, Kartoffeln, Milch, Gemüse und Obst. Nur einmal in der Woche gab es Fleisch. Wir verließen unser Dorf nur, um Verwandte oder den Markt in der Stadt zu besuchen. Unser Zu-

hause war der Hof und die Dorfgemeinschaft.

Damals war unser Dorf überschaubar und hatte ein einheitliches Bild. Es gab viel weniger Straßen als heute. Die meisten Straßen waren nicht einmal geteert, sondern nur mit Schotter und Sand befestigt.

Unser Dorf hat sich inzwischen sehr gewandelt. Alle Straßen, die meisten Zufahrten und Innenhöfe sind asphaltiert oder gepflastert. Ein Großteil der älteren landwirtschaftlichen Gebäude wurde abgerissen oder modernisiert. Alte Häuser stehen kaum mehr. Die jungen Menschen treffen sich am Dorfbrunnen nur noch, um gemeinsam in die Stadt zu fahren. Viele Leute im Dorf kenne ich nicht mehr. Sie wohnen in der Neubausiedlung, die am Rande des Dorfes entstanden ist.

M2 *Blick auf ein Neubaugebiet am Dorfrand*

Info

Urbanisierung

Unter Urbanisierung versteht man die Ausbreitung städtischer Lebensweisen im ländlichen Raum.

Für das Stadtleben sind bestimmte Verhaltensweisen typisch, wie z. B. das Einkaufen im Supermarkt oder die abwechslungsreiche Gestaltung der Freizeit. Zum Stadtleben gehört auch die Nutzung der Technik. Das wird besonders im Bauwesen deutlich. Gut ausgebaute, beleuchtete und asphaltierte Straßen sowie moderne Bauwerke bestimmen das Stadtbild. Durch die Urbanisierung entwickeln sich immer mehr Dörfer zu stadtähnlichen Siedlungen. Ihre Bewohner zeigen gleiche Verhaltensweisen wie die Stadtmenschen.

M3 *Umgebauter Hühnerstall*

Aufgaben

1 Betrachte M1 und 2.
a) Nenne Unterschiede.
b) In welchem Gebäude würdest du wohnen wollen? Begründe.

2 Betrachte M3.
a) Schildere deine Eindrücke von diesem Wohnraum.
b) Welche Gegenstände erinnern dich an moderne Wohnkultur?

3 Typisch Land oder typisch Stadt? Sprecht über Verhaltensweisen und Lebenseinstellungen von Frau Steiner.

4 Beschreibe anhand von M2 die Folgen der Urbanisierung für die Umwelt.

Info

Steckbrief München

Wappen: Das „Münchner Kindl" ist ein Kind in einem Mönchsgewand. Es soll daran erinnern, dass Mönche die Stadt München gründeten.

Stadtgebiet:
Fläche: 310 km², Umfang 117 km
482 – 579 m ü. N. N.
Einwohnerzahl: 1 324 000, nach Berlin und Hamburg drittgrößte Stadt Deutschlands

U-Bahn: Streckenlänge: 92,7 km jährlich 278 Mio. Fahrgäste

Erholungsflächen:
Englischer Garten/Olympiapark/ Nymphenburger Park/Botanischer Garten/Tierpark Hellabrunn/Isarauen

Kultur: 42 Theater/45 Museen/ 3 große Orchester/89 Kinos

Öffentliche Einrichtungen:
über 50 Bibliotheken
160 000 Schüler in 499 Schulen
100 000 Studenten an Hochschulen
428 Kindergärten
54 Krankenhäuser
67 Altenheime

Sport: 367 Sportanlagen, 427 Sporthallen und 17 Schwimmbäder

Informationen:
Fremdenverkehrsamt München
80313 München
Telefon: 089/233-03 00
Telefax: 089/233-302 33
Internet: www.muenchen.de

M1 *München – Stadtansicht*

Klassenausflug in die Landeshauptstadt

Nun steht es endlich fest. Die Klasse 6b aus Straubing plant einen Ausflug in die Landeshauptstadt. Auf den Tischen liegen Stadtpläne und Prospekte über die verschiedenen Sehenswürdigkeiten der Stadt. Nachdem sich die Schüler genau informiert haben, darf jeder einen Programmvorschlag auf einen Zettel schreiben.

Michaels Gruppe hat sich bereits am Vortag am Bahnhof erkundigt, mit welchem Zug die Klasse hin- und zurückfahren könnte.

Nach einer langen Diskussion stellt die Klasse ein Programm für den Besuch in München zusammen.

	Hinfahrt		**Rückfahrt**	
	SR ⇒ M		M ⇒ SR	
Abfahrt	7:45	8:35	14:08	14:57
Ankunft	9:52	10:31	16:22	16:51

M2 *Fahrplanauskunft*

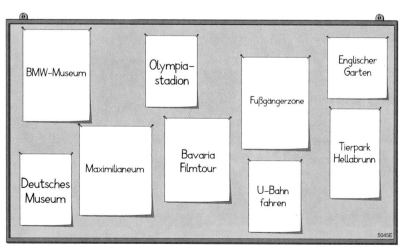

M3 *Ausflugsziele der Klasse 6b*

148

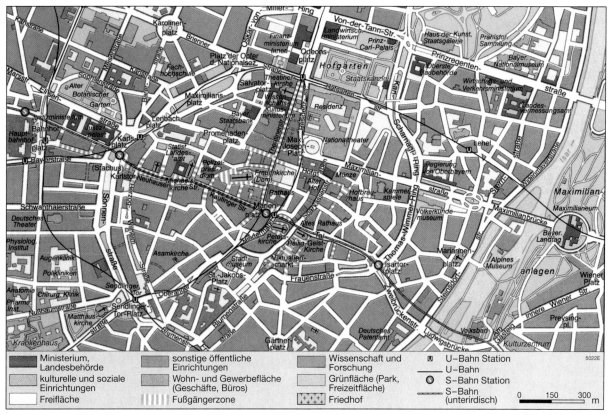

M4 *München – Innenstadt*

Von der Stadtgründung zur Landeshauptstadt

München ist die Landeshauptstadt von Bayern. Der Landtag im Maximilianeum, die Staatsregierung und der Ministerpräsident in der Staatskanzlei, alle Ministerien und viele Behörden sind hier zu finden. In ausländischen Konsulaten arbeiten Vertreter anderer Staaten und halten die Verbindung zu ihren Landsleuten, die in Bayern leben und arbeiten.

Heinrich der Löwe, Herzog von Bayern, gründete im Jahr 1158 die Stadt. In den 50er Jahren stieg die Einwohnerzahl rasch an und 1957 feierte München seinen millionsten Einwohner.

Eine Besonderheit waren 1972 die Spiele der XX. Olympiade, die in München stattfanden. Für die Olympischen Spiele wurden nicht nur mehrere Sportanlagen erbaut, sondern auch die **Fußgängerzone** angelegt und die U-Bahn in Betrieb genommen. 1992 konnte die Einweihung des neuen Münchner Flughafens im Erdinger Moos gefeiert werden.

München ist die größte Stadt Bayerns. Hier sind auch die meisten Museen, Theater und Hochschulen. Weltbekannte Firmen haben in München ihren Sitz.

Aufgaben

1 a) Die Klasse 6b geht vom Hauptbahnhof zum Alten Rathaus. Lege Transparentpapier auf den Innenstadtplan und zeichne den Weg der Klasse ein.

b) Trage die öffentlichen Gebäude ein, an denen die 6b vorbeikommt.

2 a) Sucht die Vorschläge der Klasse 6b auf dem Innenstadtplan. Welche Vorschläge sind auf dem Plan nicht eingetragen?

b) Welche Zugverbindungen sind für die Klasse 6b zur Hin- und Rückfahrt besonders gut geeignet?

c) Wie lange hat die Klasse 6b Zeit München anzusehen? Welche Sehenswürdigkeiten können sie in dieser Zeit gut erreichen?

Verflechtung von Stadt und Land

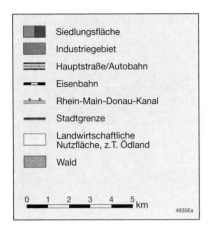

Legende:
- Siedlungsfläche
- Industriegebiet
- Hauptstraße/Autobahn
- Eisenbahn
- Rhein-Main-Donau-Kanal
- Stadtgrenze
- Landwirtschaftliche Nutzfläche, z.T. Ödland
- Wald

0 1 2 3 4 5 km
4935Ea

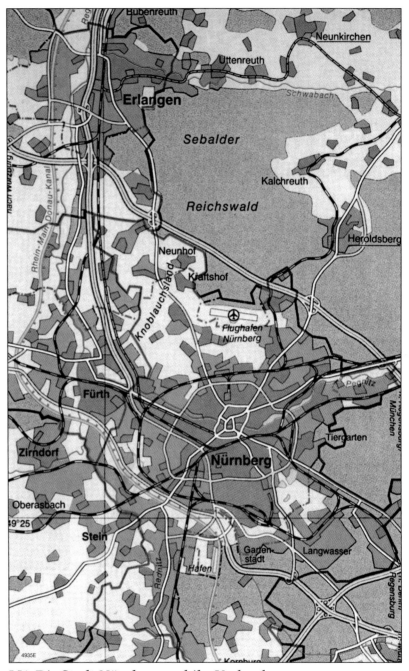

M1 *Die Stadt Nürnberg und ihr Umland*

Aufgaben

1 Verfolge den Weg von Herrn Huber von Kalchreuth nach Nürnberg (M1). Wie viele Kilometer sind es bis zur Innenstadt?

2 Ergänze in den folgenden Sätzen die Begriffe: Schule, arbeiten, wohnen, Umland. Übertrage die Sätze in dein Heft.
Das (?) ist das Gebiet um die Stadt. Hier (?) viele Menschen. Sie fahren jeden Morgen in die Stadt um zu (?), einzukaufen oder zur (?) zu gehen.

M2 *Beziehungen zwischen Stadt und Umland*

Als Pendler unterwegs

Montags, dienstags, mittwochs, donnerstags, freitags: immer das Gleiche! Total verstopfte Straßen, überfüllte Nahverkehrszüge, Straßenbahnen und Busse. Herr Huber ist bei einer großen Firma in Nürnberg beschäftigt. Er wohnt in Kalchreuth. Der Ort liegt im **Umland** von Nürnberg. Herr Huber fährt jeden Morgen mit der Eisenbahn zur Arbeit. Er ist einer der zahlreichen **Pendler**, die täglich zwischen Wohnort und Arbeitsplatz hin- und herfahren. Er und viele seiner Kollegen benutzen den Öffentlichen Personennahverkehr (**ÖPNV**). Dazu gehören die Nahverkehrszüge, Straßenbahnen und Busse. Die meisten Beschäftigen kommen jedoch mit dem eigenen Auto zur Arbeit. Deshalb sind vor Arbeitsbeginn und nach Arbeitsschluss die Straßen besonders stark belastet. Für diesen starken Individualverkehr hat man die Straßen ins Umland ausgebaut.

Warum pendeln Sie nach Nürnberg?

Herr Schmidt: „Meine Frau und ich, wir hatten in Nürnberg eine schöne 2-Zimmer-Wohnung. Als vor zwei Jahren Sven, unser Sohn, geboren wurde, suchten wir eine größere Wohnung. In Nürnberg haben wir keine gefunden, die wir uns leisten konnten. Deshalb sind wir nach Kalchreuth gezogen. Hier nutzen wir vor allem die Möglichkeiten zur Naherholung. Wir machen viele Wanderungen und Radtouren."

Herr Bräunlein: „Wir sind alte Kalchreuther, wie auch meine Eltern und Großeltern. Hier haben wir alle unsere Freunde. Ich fahre aber jeden Tag zur Arbeit nach Nürnberg, weil ich hier keinen Arbeitsplatz finden konnte."

Frau Zahn: „Wir haben vor einigen Jahren in Kalchreuth ein Haus gekauft. Das war sehr günstig, sodass wir uns noch ein Auto leisten konnten, mit dem wir nach Nürnberg zur Arbeit fahren. Aber durch die vielen Staus dauert die Fahrt immer länger. Wir wollen jetzt auf die Bahn umsteigen."

Info

Das Umland

Das Umland ist das Gebiet um eine Stadt. Hier wohnen viele Menschen, die an Werktagen jeden Morgen in die Stadt fahren um zu arbeiten, einzukaufen oder zur Schule zu gehen. Sie sind hierher gezogen, weil Mieten und Grundstücke billiger sind als in der Stadt. In vielen Dörfern entstanden Neubaugebiete.

Info

Pendler

Pendler sind Menschen, die regelmäßig ihren Wohnort verlassen um in einem anderen Ort zu arbeiten, zur Schule zu gehen oder einzukaufen. Sie „pendeln" also zumeist täglich zwischen zwei Orten hin und her. Man unterscheidet:

- Arbeitspendler, das sind Menschen, die zur Arbeit fahren,
- Bildungspendler, das sind Schüler und Studenten,
- Einkaufspendler, das sind Menschen, die zum Einkaufen fahren.

Zentralität

Dieser Begriff umfasst die Bedeutung einer Stadt für ihr Umland. Die Bewohner einer Region sind auf die Einrichtungen in der Stadt angewiesen. Das können Fachgeschäfte, Fachärzte oder Krankenhäuser, weiterführende Schulen oder Hochschulen sein. Auch in der Freizeit nützen viele Menschen das Angebot in der Stadt und besuchen Kinos, Hallenbäder, Museen und Theater.

Aufgaben

3 Aus welchen Gründen pendeln Bewohner zwischen Kalchreuth und Nürnberg hin und her (Befragung)?

4 Erläutere die Begriffe Berufspendler, Einkaufspendler, Bildungspendler.

151

M1 *Einzugsgebiet*

M2 *Das Donau-Einkaufszentrum in Regensburg*

Einkaufen auf der grünen Wiese?

Als das Donau-Einkaufszentrum in Regensburg 1967 eröffnet wurde, hatten es die Besitzer auf die grüne Wiese gestellt. Heute liegt dieses Gebiet mitten im Stadtgebiet zwischen Wohnbebauung und Gewerbeflächen. 128 Einzelhandelsgeschäfte, 3600 kostenlose Parkplätze und 75 000 m² Verkaufsfläche machen das Donau-Einkaufszentrum zu einem der drei größten Einkaufszentren in Bayern. Das Einzugsgebiet umfasst 750 000 Menschen aus der Oberpfalz und Niederbayern. 25 000 Besucher kaufen hier täglich ein.

In der Altstadt sind für viele Besucher aus dem Umland die Parkplätze zu teuer und zu weit von den Geschäften entfernt. Auch die oft schwierigere Anfahrt und das Wetterrisiko spricht für den Einkauf im überdachten Einkaufszentrum. „Ich schätze die kurzen und überdachten Wege von Geschäft zu Geschäft", sagt Hildegard Köppl (36), die mit ihrem Kinderwagen das Einkaufszentrum aufsucht.

In den Innenstädten dagegen finden Kunden neben Kaufhäusern und Spezialgeschäften auch Cafés, Sehenswürdigkeiten und kulturelle Angebote. Florian Otte (27): „Ich möchte beim Einkaufsbummel mehr erleben als nur Kaufhausluft. Deshalb gehe ich zum Einkauf lieber in die Altstadt."

Um im Wettbewerb um die Kunden aus dem Einzugsgebiet bestehen zu können, bieten Einkaufszentren Veranstaltungen und Aktionen an, die Stadtzentren bemühen sich um mehr Parkplätze und attraktive Gestaltung der Fußgängerzonen.

Info

Einkaufsmöglichkeiten

Supermarkt: Der Supermarkt ist ein größeres Einzelhandelsgeschäft, in dem Kunden ihre Waren in Selbstbedienung einkaufen (überwiegend Lebensmittel, Haushaltswaren).

Kaufhaus: Ein Großbetrieb des Einzelhandels, der verschiedene unterschiedliche Waren verkauft: Textilien, Möbel, Haushaltswaren, Schmuck, Lebensmittel usw.

Einkaufszentrum: Viele Einzelhandels- und Dienstleistungsbetriebe, die gemischt unter einem Dach untergebracht sind.

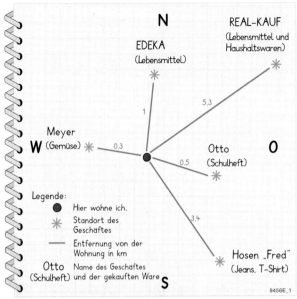

M3 *Meine Einkaufskarte*

Geschäfte und gekaufte Ware	benutzte Verkehrsmittel	Zeitaufwand für eine Strecke	Häufigkeit des Einkaufs
Edeka (Lebensmittel)	Fahrrad	ca. 5 min	2× pro Woche
Hosen "Fred" (Jeans, T-Shirt)	mit Mama im Auto	ca. 6 min	1× in vier Monaten
Meyer (Obst/Gemüse)	zu Fuß	ca. 2 min	1× in vier Monaten
Otto (Schulhefte)	zu Fuß	ca. 4 min	1× in 14 Tagen
Realkauf (Lebensmittel, Getränke, Putzmittel)	mit Mama und Papa im Auto	ca. 11 min	1× pro Woche

M4 *Mein Einkaufsverhalten*

M5 *Lageplan Donau-Einkaufszentrum*

Flächenaufteilung-Aufteilung in m²

Mode	21.525
Schuhe, Lederwaren	2.925
Elektronik	6.675
Uhren, Schmuck, Brillen	825
Sport	1.725
Geschenke, Spielwaren, Schreibwaren, Bücher	7.650
Parfümerie, Drogerie, Gesundheit	675
Lebensmittel, Floristik	5.175
Gastronomie	2.175
Dienstleistungen	3.000
Waren-/Kaufhäuser	22.650

Aufgaben

1 Welche Vor- und Nachteile hat das Einkaufen im Einkaufszentrum/in der Fußgängerzone?

2 Besorge dir Informationen zum Donau-Einkaufszentrum aus dem Internet.
(www.donaueinkaufszentrum.de)
a) Stelle die Besonderheiten dieses Einkaufszentrums auf einem DIN A3-Blatt dar.
b) Welche Aktionen und Aktivitäten außer Einkaufen locken Kunden ins Donau-Einkaufszentrum?

3 Untersuche deine Einkaufsgewohnheiten. Wo kaufst du oder deine Familie normalerweise folgende Dinge ein:
Gemüse, Lebensmittel, Schulheft, Jeans und T-Shirt, Getränke, Putzmittel?
a) Fertige eine Karte wie in M3 an.
b) Trage in einer Tabelle wie M4 Daten über dein Einkaufsverhalten ein.

153

M1 *Lage von Parsberg in Bayern*

M2 *Peter auf dem Traktor vor dem Hof seiner Eltern*

Fahrplan

Busverbindung Hamberg – Parsberg (Bahnhof) von Mo. – Fr.:

Hamberg ab:	7.15	
Parsberg an:	7.31	
Parsberg ab:	12.35	13.29
Hamberg an:	12.45	13.43

Busverbindung Herrenried – Parsberg (Bahnhof) von Mo. – Fr.:

Herrenried ab:	9.19	11.19	15.19	17.19
Parsberg an:	9.36	11.36	15.36	17.36
Parsberg ab:	10.19	12.19	16.19	18.19
Herrenried an:	10.36	12.36	16.36	18.36

Bahnverbindung Parsberg – Regensburg von Mo. – Fr.: –Auszug–

Parsberg ab:	14.27	15.27	16.16	16.27
Regensburg an:	15.02	16.02	16.41	17.02

Bahnverbindung Regensburg – Parsberg von Mo. – Fr.: –Auszug–

Regensburg ab:	17.17	17.54	18.54	19.17
Parsberg an:	17.42	18.31	19.29	19.42

M3 *Bus- und Bahnfahrplan*

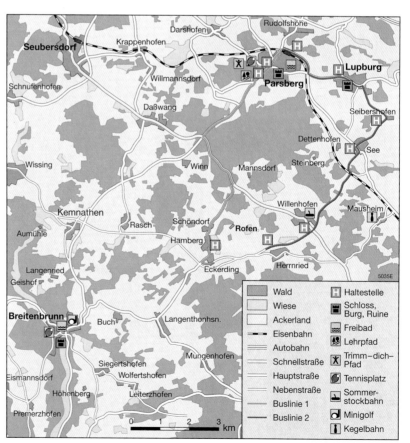

M4 *Rofen und Umgebung mit Freizeitmöglichkeiten*

154

Rofen, den 4. September

Hallo Valentin,

ich heiße Peter und bin 14 Jahre alt. In einer Jugendzeitschrift habe ich deine Adresse gefunden. Du suchst einen Brieffreund. Ich bin an einer Brieffreundschaft sehr interessiert. Damit du mich etwas kennen lernen kannst, erzähle ich dir von mir.

Ich wohne in Rofen. Das ist ein winziger Ort. Er besteht nur aus wenigen Häusern. Ganz in der Nähe liegt eine kleine Stadt. Sie heißt Parsberg. Du denkst jetzt bestimmt, dass es bei uns ganz schön langweilig sein muss. Aber das stimmt nicht. Bei uns ist immer etwas los.

Nach den Hausaufgaben treffe ich mich mit Freunden. Sie wohnen in den Nachbardörfern Hamberg, Schöndorf und Eckerding. Wir spielen fast jeden Tag zusammen Fußball. Oft sind wir auf Feld- und Waldwegen mit dem Mountainbike unterwegs. Am Wochenende gehen wir gerne auf Abenteuertour. Wir bauen uns Höhlen, klettern auf Bäume oder übernachten im Zelt. Wir dürfen überall spielen.

Nach dem Spielen kümmere ich mich um meine Haustiere. Ich habe einen Hund, drei Katzen, jede Menge Zwergkaninchen und eine Ziege. Manchmal muss ich auch meinem Vater auf dem Feld helfen. Wenn ich dabei mit unserem Bulldog fahren darf, gefällt mir die Arbeit. Ich kann mit unseren Maschinen schon alleine das Heu wenden und den Acker eggen. Wenn ich dann noch am Abend viele Hausaufgaben machen muss, kann ein Tag ganz schön stressig sein.

Ich gehe übrigens in die 6b der Volksschule Breitenbrunn. Der Schulbus fährt morgens um 7.00 Uhr und kommt gegen 13.45 Uhr zurück. Die meiste Zeit bin ich in Rofen. Einmal im Monat fahre ich mit meinen Eltern nach Regensburg oder Neumarkt zum Einkaufen. Dafür besuche ich mit dem Mountainbike fast jeden Tag die Dörfer Hamberg, Eckerding und Schöndorf. Dort wohnen Michael, Florian und Dominik. Das sind meine besten Freunde. Wenn im Dorf etwas los ist, bin ich meistens mit dabei. Letzten Samstag war auf einem Hof Schlachttag. Von der Schlachtplatte bekam ich natürlich auch etwas ab.

So, das war's für heute. Ich würde mich sehr über einen Brief von dir freuen.

Viele Grüße Peter

Aufgaben

1 Welche Vor- und Nachteile hat das Leben auf dem Land? Werte Peters Brief aus.

2 Peter und sein Freund Florian wollen in der Nähe des Regensburger Bahnhofs ein Kino besuchen. Sie kommen um 13.45 von der Schule nach Hause. Der Film beginnt um 17.00 und dauert insgesamt zwei Stunden. Am Nachmittag steht kein Auto zur Verfügung.
a) Wie kommen die beiden Freunde pünktlich ins Kino?
b) Welche Probleme ergeben sich bei der Heimfahrt?
c) Wie lange sind sie insgesamt unterwegs?

3 a) Welche Freizeitmöglichkeiten bietet eine Stadt? Suche in einer Tageszeitung.
b) Vergleiche Freizeitmöglichkeiten von Stadt und Land.

4 Schreibe einen Brief vom Leben in der Stadt.

M5 *Nach der letzten Stunde*

Orientierung nach Plan

Wie komme ich zur Museumsbrücke?

Adriane hat sich in Nürnberg verlaufen. Weil sie aber einen Stadtplan lesen und die Himmelsrichtungen bestimmen kann, findet sie zur Museumsbrücke zurück. Dort warten ihre Freundinnen auf sie. Ihr Standort ist auf dem Stadtplan eingetragen.

Auf dem Stadtplan erkennt man ein Gitternetz. Das sind die blauen Quadrate. Man nennt sie Planquadrate. Mit den Buchstaben A, B und C am oberen Kartenrand und den Zahlen 1, 2 und 3 am seitlichen Kartenrand kann man jedes Planquadrat genau bestimmen. Das Quadrat unten links heißt zum Beispiel „A 3". So kann man Straßen und Gebäude leicht finden.

> Ich gehe den Maxtorgraben bis zum ...

◆ Standort von Adriane

Aufgaben

1 a) In welchem Planquadrat auf dem Stadtplan befindet sich der Standort von Adriane?
b) Wie heißt die Straße?

2 Hilf Adriane den Weg zur Museumsbrücke zu finden. Beschreibe den Weg mithilfe der Straßennamen und der Planquadrate.

3 Die Kirche St. Lorenz liegt im Planquadrat ... .

4 Die U-Bahn-Station Weißer Turm liegt im Planquadrat ... .

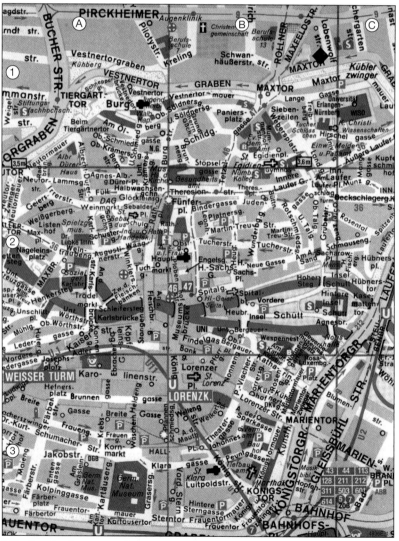

M1 *Stadtplanausschnitt von Nürnberg*

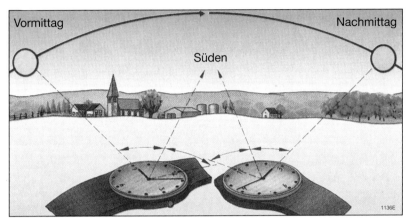

M2 *Bestimmung der Himmelsrichtungen*

M3 *Kompass mit Windrose*

Stimmt die Richtung?

Orientieren heißt „sich zurechtfinden". In der Stadt hilft ein Stadtplan. Dazu musst du die Himmelsrichtungen kennen und den Plan nach den Himmelsrichtungen ausrichten.

Wenn du einen **Kompass** mitnimmst, ist das nicht schwer. Er enthält eine **Windrose**. Darauf sind die Himmelsrichtungen mit ihren Abkürzungen eingetragen. Die Kompassnadel zeigt immer nach Norden in Richtung Nordpol. Wenn du den Kompass so lange drehst, bis die Nadel auf den Buchstaben N für Norden zeigt, kannst du die Himmelsrichtungen im Gelände angeben. Die meisten Stadtpläne sind so gezeichnet, dass Norden am oberen Kartenrand ist.

Hast du keinen Kompass, kannst du dir folgendermaßen helfen: An vielen Häusern sind Schüsseln für den Satellitenempfang von Fernsehsendungen angebracht. Die Schüsseln zeigen nach Süden. Bei uns weht der Wind oft aus Westen. Die Kronen freistehender Bäume neigen sich daher nach Osten.

Wenn die Sonne scheint, gibt es noch eine andere Möglichkeit, die Himmelsrichtungen zu bestimmen. Du brauchst dazu eine Uhr mit Zeigern. Gehe folgendermaßen vor:

1. Schaue von oben auf die Uhr.
2. Dreh die Uhr so, dass der Stundenzeiger zur Sonne zeigt.
3. Die Himmelsrichtung Süden liegt jetzt in der Mitte zwischen dem Stundenzeiger und der Zahl 12.

Merkvers

Im Osten geht die Sonne auf, im Süden steigt sie hoch hinauf, im Westen wird sie untergehen, im Norden ist sie nie zu sehen.

Aufgaben

5 Nenne drei Möglichkeiten zur Bestimmung der Himmelsrichtungen.

6 In welche Himmelsrichtungen zeigen die roten Pfeile a) bis i)?

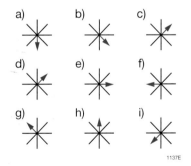

7 In welche Himmelsrichtung verlaufen folgende Straßen vom Germanischen Nationalmuseum aus (M1):
a) Kolpinggasse?
b) Krebsgasse?
c) Klaragasse?

157

Nutzungskartierung anfertigen

Arbeitsmittel

- Kassettenrekorder mit Mikrofon oder Handy mit Aufnahmefunktion,
- Schreibunterlage,
- Schreibzeug,
- Liste der vorbereiteten Fragen.

Projekt: Eine Straße unter der Lupe

Die Klasse 6a beschließt die Haupteinkaufsstraße in ihrem Schulort zu erkunden. Sie bildet Arbeitsgruppen.

Interview

1. Legt das Thema fest, zu dem ihr etwas erfahren wollt.
2. Wählt mithilfe des Stadtplans die Straßen oder Plätze aus, wo ihr das Interview durchführen wollt.
3. Legt fest, wie viele Personen ihr interviewen wollt.
4. Erstellt eine Liste mit Fragen.
5. Übt zunächst im Rollenspiel jemanden auf der Straße anzusprechen, euer Anliegen vorzutragen, das Interview durchzuführen und euch zu bedanken.
6. Macht euch mit dem Kassettenrekorder vertraut.
7. Führt die Interviews zu zweit durch. Eine Schülerin führt zum Beispiel das Interview durch, die andere notiert zu Beginn den Stand des Zählwerks und macht sich Stichworte zu den Inhalten und der Person.
8. Wertet die Interviews in der Schule aus. Ihr könnt die Ergebnisse in einer Tabelle stichwortartig untereinander schreiben, häufige Aussagen herausschreiben oder einige besonders interessante Stellen auf ein neues Band überspielen und in der Klasse vorspielen.

Dr. med. M. Otto-Tittmann
Kinderärztin
Sprechst. Mo, Di, Do, Fr 9-12
Di u. Do 16-18
Mi nach Vereinbarung

Dr. med. F. Birnbaum
Augenarzt
Alle Kassen
MO–FR nach Vereinbarung

eurinfo

IBM
Geschäftspartner

Hauseingang
181/183
Passage
Schuh-Klaus

GÄRTNER
KRANKEN
KASSE
1. OG

M1 *Schilder an einem Haus*

Fragen für die Erkundung einer Geschäftsstraße

1. Aus welchen Gründen sind Sie hier?
2. Was gefällt Ihnen hier besonders gut?
3. Was gefällt Ihnen hier nicht?
4. Wie sind Sie mit den öffentlichen Verkehrsmitteln (z. B. S-Bahn, U-Bahn) zufrieden?
5. Wie sind Sie mit den Einkaufsmöglichkeiten zufrieden?
6. Was würden Sie hier ändern, wenn Sie könnten?

Bei kurzen Antworten („gut", „alles") nachfragen: „Könnten Sie das bitte erläutern?" „Könnten Sie ein Beispiel geben?" usw.

Stichwörter zu Frage 2:

Viele verschiedene Geschäfte, viele gleiche Geschäfte (z. B. Schuhgeschäfte), anspruchsvolles Angebot, günstige Preise, buntes Leben und Treiben auf der Straße, Ruhe beim Einkaufen, guter Kundendienst, Parkplätze in der Nähe, freundliche Bedienung, ich kenne mich hier nicht aus.

217	219	221	223	225	227

M2 *Geschäftsstraße (Teilansicht)*

Arbeitsmittel

- Fotoapparat,
- feste Schreibunterlage,
- Bleistifte,
- Buntstifte,
- Radiergummi,
- Stadtplan,
- Karopapier.

Richtiges Kartieren will gelernt sein!

1. Wählt mithilfe des Stadtplans eine Straße aus, am besten eine Geschäftsstraße, die ihr ganz oder teilweise kartieren wollt.
2. Erstellt gemeinsam eine Legende (M4).
3. Fotografiert die Häuser oder Straßenabschnitte, die ihr kartieren wollt (M3).
4. Zeichnet für jedes Haus, getrennt nach Stockwerken, die Nutzung ein. Übertragt hierzu die Gebäude der Straße auf Karopapier. Zehn Meter Hausbreite entsprechen 1 cm (2 Karos), ein Stockwerk entspricht 0,5 cm (1 Karo).
5. Fertigt in der Schule eine „Reinzeichnung" an. Bei Unklarheiten hilft das angefertigte Foto.
6. Fasst die Ergebnisse der Nutzungskartierung mit eigenen Worten zusammen.

Info

Nutzungskartierung

Eine Nutzungskartierung ist eine Zeichnung. Sie zeigt, wie die einzelnen Stockwerke der Häuser in einer Straße genutzt werden, z. B. als Geschäfte, Büros, Praxen, Wohnungen.
Mithilfe einer Nutzungskartierung können Geschäftsstraßen und Wohnstraßen unterschieden werden.

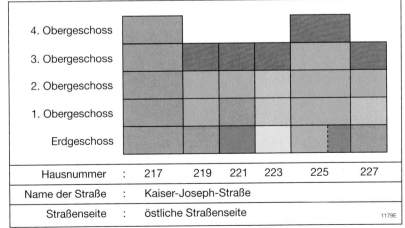

M3 *Geschäftsstraße (Nutzungskartierung)*

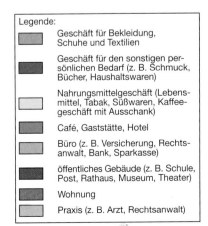

M4 *Legende*

Wiederholen und vertiefen

Wir planen ein neues Wohngebiet

Viele Städte und Gemeinden wachsen. Plant eine Gemeinde eine neue Siedlung, müssen viele Dinge beachtet werden. So haben beispielsweise junge Familien mit Kleinkindern andere Wünsche als ältere Leute oder Jugendliche, Radfahrer nicht die gleichen Vorstellungen wie Autofahrer. Jeder soll sich jedoch im neuen Wohngebiet wohlfühlen.

In öffentlichen Stadtrats- oder Gemeinderatssitzungen werden dazu die Meinungen aller Gruppen gehört. Es wird beraten und schließlich werden Entscheidungen getroffen.

Eine solche Sitzung könnt ihr in der Klasse nach folgender Anleitung vorbereiten und durchführen:

1. Informationen einholen
Befragt z. B. Kinder, Jugendliche, Eltern, ältere Leute, Geschäftsleute, ... nach ihren Vorstellungen von einem idealen Wohngebiet. Schreibt von jeder befragten Gruppe die Ergebnisse auf und fasst sie nach Freizeit, Verkehr, Einkaufsmöglichkeiten usw. zusammen.

2. Rollen verteilen
Bildet für jede befragte Personengruppe ein Team in der Klasse. Jedes Team übernimmt somit eine andere Rolle in der Sitzung.

3. Im Team arbeiten
Mit den Ergebnissen aus der Befragung bereitet sich jedes Team auf die Rolle in der Sitzung vor. Sammelt möglichst viele Gründe, mit denen ihr die anderen überzeugen könnt.

4. Den Vortrag für die Sitzung vorbereiten
Damit eure Ideen deutlich und überzeugend wirken, bereitet euch mit einer Skizze vor. Übt den Vortrag ein. Sprecht ab, wer welchen Teil übernimmt.

5. Die Sitzung durchführen
Legt die Dauer der Sitzung fest. Der Lehrer/die Lehrerin übernimmt als „Bürgermeister" die Leitung. Zunächst stellt jedes Team seine Forderungen vor. Ein Schreiber notiert mit. Anschließend könnt ihr gegenseitig Fragen stellen, die Vor- und Nachteile einzelner Vorschläge durchsprechen und darüber abstimmen. Wenn ihr in der vorgegebenen Zeit keine Einigung erreicht, kann ein neuer Termin vereinbart werden.

6. Nachbesprechung
Überlegt gemeinsam, was in der Sitzung gut oder nicht so gut gelungen ist und schreibt eure Ergebnisse als Merkhilfe auf.

Das Wichtigste kurz gefasst:

Leben in der Stadt

Eine Stadt gliedert sich in verschiedene Viertel. In der Innenstadt liegt die City, das Hauptgeschäftsviertel der Stadt mit der Fußgängerzone. Hier befinden sich die meisten Geschäfte und Kaufhäuser. Die Wohngebiete unterscheiden sich hinsichtlich der Lage zur Innenstadt, der Hausformen und der Ausstattung mit Geschäften. Die Industrie- und Gewerbegebiete liegen meist an Eisenbahnlinien oder großen Straßen mehr am Rande der Stadt.

München ist die Landeshauptstadt von Bayern. In der Stadt leben etwa 1,3 Millionen Menschen. Damit ist München nach Berlin und Hamburg die drittgrößte Stadt in Deutschland. Weltbekannte Firmen wie BMW und Siemens haben in München ihre Firmensitze. Zahlreiche Museen, Theater und Hochschulen sind Grundlage für die kulturelle Bedeutung der Stadt. Die Bavaria Filmstadt Geiselgasteig ist der Mittelpunkt der Film- und Fernsehindustrie Europas.

Leben auf dem Land

Das Leben auf dem Land ist geprägt durch die Nähe zur Natur und die Landwirtschaft. Die Menschen in der Umgebung kennen sich und sind in die Gemeinschaft eingebunden. Allerdings sind die Städte mit öffentlichen Verkehrsmitteln nicht immer gut erreichbar. Auch die Angebote für die Freizeitgestaltung sind geringer.

Stadt und Umland

Das Umland ist das Gebiet um eine Stadt. In der Vergangenheit sind viele Menschen ins Umland gezogen, weil Mieten und Grundstückspreise dort niedrig waren. Im Umland liegen wichtige Naherholungsgebiete für die Bewohner der Stadt. Vom Umland aus fahren viele Menschen jeden Morgen in die Stadt um zu arbeiten. Sie sind Pendler zwischen Wohnung und Arbeitsplatz.

Grundbegriffe
- Erholungsgebiet
- Altstadt
- Stadtviertel
- Wohngebiet
- Industriegebiet
- Fußgängerzone
- Umland
- Pendler
- Öffentlicher Personennahverkehr (ÖPNV)
- Kompass
- Windrose

Minilexikon

Abt (Seite 118)
(aramäisch abba = Vater)
Nach der Regel des Benedikt von Nursia (Benediktinerregel) der Vorsteher einer Mönchsgemeinschaft in einem → Kloster. Man bezeichnet daher Klöster, denen ein Abt vorsteht, als Abteien.

Ackerbau (Seite 62)
Der Anbau von Nutzpflanzen auf dem vom Bauern vorbereiteten Boden heißt Ackerbau. Besondere Bedeutung hat die Auswahl der Anbaufrüchte und die Düngung.

Aggression (Seite 14)
Aggression ist eine Verhaltensweise, bei der ein Mensch oder ein Tier einen anderen bedroht oder angreift. Durch Aggression wird Macht ausgeübt oder versucht, Macht zu gewinnen. Oft wird dabei gekämpft oder Personen oder Dingen Schaden zugefügt.

Allmende (Seite 116)
Gemeinschaftsfläche rund um ein Dorf. Die Wiesen und Wälder werden von allen Dorfbewohnern gemeinsam genutzt.

Alm (Seite 69)
Eine Alm ist eine Bergweide in den Alpen. Sobald die Almen im Frühjahr schneefrei sind, wird das Vieh aus den Ställen in den Tälern hoch auf die Alm getrieben. Dort bleibt es bis zum Herbst. Die Alm dient als Weide. Nach dem Abtrieb ins Tal werden die Tiere den Winter über im Stall gehalten und dort auch gefüttert.

Altstadt (Seite 144)
Die Altstadt ist der erhalten gebliebene, älteste Teil einer Stadt. Er stammt häufig noch aus dem Mittelalter aus der Zeit vor 1500. Kennzeichnend ist eine dichte Bebauung mit engen Straßen. Oft sind noch Teile der mittelalterlichen Stadtmauer erhalten.

Amphitheater (Seite 44)
Theaterbau der Römer mit kreisförmiger Arena. Die Zuschauersitze sind ringsum nach oben ansteigend angeordnet. Ein Amphitheater diente z. B. als Kampfplatz für Gladiatoren.

Basilika (Seite 105)
(griech. basiliké = Königshalle)
Ursprünglich war die Basilika eine Palasthalle, im antiken Rom auch eine langgestreckte Markt- oder Gerichtshalle. Der Name wurde dann auf Kirchenbauten der Christen übertragen.

Bergflucht (Seite 69)
Die Abwanderung der Bevölkerung aus Gebirgsregionen nennt man Bergflucht. Häufig werden dabei auch die landwirtschaftlichen Betriebe verlassen.

Bischof (Seite 108)
Amtsträger der christlichen Kirche, dem die Verwaltung eines bestimmten Gebietes (Bistum, Diözese) übertragen ist. Er gilt nach katholischer Lehre als Nachfolger der Apostel und beaufsichtigt aufgrund seines Lehr-, Priester- und Hirtenamtes das Gemeindeleben seiner Diözese. Zu seiner Amtstracht zählen Bischofsmütze (Mitra), Bischofsstab, Ring und Brustkreuz. Ernannt wird der katholische Bischof vom Papst.

Bodenversiegelung (Seite 71)
Fachleute bezeichnen das Asphaltieren und Betonieren von Flächen als Bodenversiegelung. Dabei wird der natürliche Boden z. B. durch Gebäude, Straßen, Plätzen zugebaut.

Bürger (Seite 125)
Bewohner einer Stadt.

Dreifelderwirtschaft (Seite 114)
Art der Bodenbewirtschaftung seit etwa 800 n.Chr. In jährlichem Wechsel wird $1/3$ des Ackerlandes mit Wintergetreide bestellt, $1/3$ mit Sommergetreide, $1/3$ liegt brach, damit sich der Boden erholen kann.

Eisenzeit (Seite 41)
Epoche etwa ab 800 v. Chr. (in Europa), in der sich Eisen als Rohstoff für Waffen und Werkzeuge durchsetzte. Sie löste die Bronzezeit ab.

Erholungsgebiet (Seite 144)
Für Erholung, Freizeit und Sport dienen die Erholungsgebiete einer Stadt. Dazu gehören Wälder, Seen und Wanderwege der Umgebung ebenso wie Parks, Grünflächen und Sportplätze in der Innenstadt.

Freie Reichsstadt (Seite 126)
Stadt, die auf Königs- oder → Reichsgut lag und dem König bzw. Kaiser unmittelbar unterstand (reichsunmittelbare Stadt). Sie war nur ihm zu Abgaben und Diensten verpflichtet und hatte keinen anderen Landesherrn über sich.

Freizeit (Seite 86)
Zeit, über die man frei verfügen kann. In dieser Zeit wird nicht gegen Geld gearbeitet und es werden keine Sachen erledigt, zu denen man verpflichtet ist.

Fußgängerzone (Seite 149)
In der Fußgängerzone liegen die meisten Geschäfte und Kaufhäuser einer Stadt. Sie ist hauptsächlich den Fußgängern vorbehalten. Busse und Straßenbahnen sind jedoch häufig erlaubt, ebenso die Anlieferung von Waren mit PKW und LKW zu bestimmten Zeiten.

Germanen (Seite 40)
Die Germanen waren kein einheitliches Volk. Sie setzten sich aus verschiedenen Stämmen, wie z. B. Alemannen, Franken oder Goten, zusammen. Die Germanen lebten während der Bronzezeit in Nord-

deutschland, Dänemark und Süd-schweden. Später breiteten sie sich über ganz Europa aus.

Gewalt (Seite 14)
Gewalt ist, wenn jemand (der Täter) körperliche Kraft oder Macht oder Drohungen benutzt um jemanden (das Opfer) zu verletzen oder ihn zu zwingen, etwas zu tun.

Gladiator (Seite 32)
Berufsmäßiger Kämpfer und Fechter, der in Rom zur Unterhaltung des Volkes in einem → Amphitheater auftrat. Bei den Gladiatorenspielen wurde auf Leben und Tod gekämpft. Die Gladiatoren waren → Sklaven, Kriegsgefangene oder Verbrecher, doch es gab auch Angeworbene. Die Ausbildung erfolgte in Gladiatorenschulen.

Graf (Seite 113)
Im Fränkischen Reich Stellvertreter des Königs in einem bestimmten Gebiet. Er hatte den Auftrag den Frieden zu sichern und die Finanzen, d. h. die Zölle, zu verwalten. In der Karolingerzeit wuchs seine Bedeutung, da der Graf das Heeresaufgebot befehligte. Außerdem übte er im Namen des Königs die hohe Gerichtsbarkeit aus.

Grundherrschaft (Seite 120)
Herrschaft über Land und die darauf lebenden Menschen. Adlige, auch Klöster, gaben an meist unfreie Bauern Land zur Bewirtschaftung und gewährten diesen Schutz. Als Gegenleistung erhielten sie Abgaben und Frondienste. Der Grundherr übte die niedere Gerichtsbarkeit aus.

Herrenhof (Seite 114)
Hof des Grundherrn. Dort mussten die hörigen Bauern Dienste verrichten und Abgaben zahlen.

Industriegebiet (Seite 144)
Stadtviertel, in dem sich mehrere Fabriken, Handwerksbetriebe und Großmärkte befinden.

Innenstadt (Seite 150)
Die Innenstadt ist der innere Teil einer Stadt. Hier liegen die → Altstadt, das Geschäftsviertel der Innenstadt und die City der großen Städte.

Islam (Seite 130)
Weltreligion, vorherrschend in Vorderasien und Nordafrika verbreitet, gestiftet von Mohammed im 7. Jh. n. Chr.

Kaaba (Seite 130)
Für die Muslime ist die Kaaba das Haus Gottes und damit das größte Heiligtum des Islam. Die Kaaba steht im Innenhof der Großen Moschee in Mekka. Sie ist ein etwa 20 Meter hoher, schwarz verschleierter, würfelförmiger Bau. In der Kaaba befindet sich nur ein Meteorit. Während einer Wallfahrt umrunden die Muslime siebenmal die Kaaba.

Kaiser (Seite 38)
Kaiser ist die Bezeichnung für den Alleinherrscher eines großen und mächtigen Reiches. Der römische Kaiser war oberster Befehlshaber der Armee. Er bestimmte über die Gesetze und ernannte hohe Beamte. Niemand konnte etwas gegen den Willen des Kaisers tun. Der Kaiser wurde lange Zeit von den → Römern wie ein Gott verehrt. Wichtige römische Kaiser waren z. B. Augustus und Konstantin.

Karl der Große (742–814)
(Seite 104)
König des Frankenreiches, im Jahre 800 in Rom zum → Kaiser gekrönt. Er herrschte über ein Reich, das viele Länder des heutigen Europa umfasste. Er machte sich sehr um das Christentum verdient. Nachfahren teilten das Reich auf. Deutschland und Frankreich entstanden.

Karolinger (Seite 107)
Fränkisches Herrscher- und Königsgeschlecht aus dem Maas- und Moselgebiet, das nach seinem bedeutendsten Mitglied, Karl dem Grossen, benannt ist.

Kastell (Seite 35)
Ein Kastell ist eine römische Befestigungsanlage. Dort lebten Soldaten. Sie schützten die Grenzen des Römischen Reiches. Im Laufe der Zeit entwickelten sich Kastelle oft zu → Städten.

Katakombe (Seite 44)
Unterirdische Begräbnisstätten der frühen römischen Christen, die vom 2. – 4. Jh. in Betrieb waren. Es handelt sich um ein labyrinthartiges System von Gängen, Treppenschächten und Kammern, die stellenweise in mehreren Stockwerken übereinander liegen. Die Toten ruhen in Grabnischen der Seitenwände, die mit Platten verschlossen wurden. Inschriften nennen den Namen der Toten, ferner wurden in den Putz kleine Erinnerungsgaben wie Münzen, Bronzefigürchen oder Goldgläser eingedrückt. Einige größere Räume dienten zum Abhalten der Totenmahle, während Gemeindegottesdienste wohl nur in Zeiten der Verfolgung gefeiert wurden.

Kelten (Seite 40)
Die Kelten waren neben den Germanen das andere große Volk, das während der Eisenzeit in Europa lebte. Um 500 v. Chr. siedelten Kelten im heutigen Frankreich, im Süden Deutschlands, in Norditalien, Spanien, Großbritannien und Irland. Die Kelten beherrschten die Technik der Eisenherstellung. Sie galten als geschickte Handwerker. Der Handel mit Eisenwaffen, Streitwagen, Eisenwerkzeugen, Keramik, Glasperlen und Glasarmringen machte die Kelten reich und mächtig.

Minilexikon

Kloster (Seite 119)
(lat. claustrum = abgeschlossen)
Durch eine Mauer von der Welt abge-
trennter Lebensraum von Mönchen
oder Nonnen. Sie haben das Gelübde
abgelegt in Armut, Gehorsam und
Ehelosigkeit ihr Leben im Dienst Gottes zu führen. Die Leitung des Klosters
hat ein Abt oder Prior.
Benedikt von Nursia gab um 530 den
zahlreichen abendländischen Klöstern
einen klaren Aufbau und strenge
Regeln, die jahrhundertelang gültig
blieben.

Knappe (Seite 123)
Im Alter von 14 bis 21 Jahren diente
der Knappe einem älteren Ritter.
Er begleitete ihn auf der Jagd, beim
Kampf und bei Turnieren. So wurde er
auf sein zukünftiges Leben vorbereitet. Der „Ritterschlag" machte aus
dem Knappen einen Ritter.

Kompass (Seite 157)
Ein Kompass ist ein Gerät zur Bestimmung der Himmelsrichtungen.
Er enthält eine längliche Nadel, die
nach Norden in Richtung des Nord-
pols zeigt. Unter der Kompassnadel
ist eine → Windrose. Mit ihrer Hilfe
kann man die übrigen Himmelsrichtungen bestimmen.

Konflikt (Seite 14)
Unter einem Konflikt versteht man
entweder einen Streit zwischen Personen oder eine Auseinandersetzung
zwischen Staaten, die eventuell mit
militärischen Mitteln ausgetragen
wird. Entgegengesetzte Wünsche und
Forderungen der Beteiligten führen zu
solchen Streitigkeiten.

Koran (Seite 130)
Der Koran ist die Heilige Schrift des
Islam, vergleichbar mit der Bibel der
Christen. Muslime glauben, dass der
Koran Verkündigungen enthält, die
Allah den Menschen durch seinen
→ Propheten Mohammmed über-

mittelt hat. Ferner sind im Koran Pro-
phetenerzählungen, Weissagungen,
Belehrungen und Verhaltensvorschrif-
ten aufgeschrieben. Der Koran ist in
114 Kapitel (Suren) gegliedert.

Kreuzzüge (Seite 134)
Unter Kreuzzügen versteht man die
Kriegszüge der abendländischen
Christenheit zwischen 1096 und 1291
zur Befreiung des Heiligen Landes von
der Herrschaft der Muslime.

Kulturaustausch (Seite 133)
Zwei Länder tauschen ihre Kenntnisse
in Kunst und Wissenschaft aus. Sie
lernen voneinander. Meist entsteht ein
reger Handel mit Waren, die das eine
Land besitzt, das andere nicht.

Landschaftspflege (Seite 69)
Landschaftspflege umfasst alle Maßnahmen, mit deren Hilfe die „freie
Landschaft" außerhalb der Städte
erhalten und geschützt wird. So verhindert die regelmäßige Beweidung
der → Almen, dass die Bergweiden
allmählich „zuwachsen" und zu
Wäldern werden.

Langobarden (Seite 104)
Germanischer Stamm, der um Christi
Geburt an der Unterelbe siedelte, wo
der Ortsname Bardowick und der
Landschaftsname Bardengau noch
heute an sie erinnern. Der Name
bedeutet möglicherweise „Langbärte".
Im 5. Jahrhundert wanderten die
Langobarden über Niederösterreich
nach Ungarn. Schon 568 zogen sie
unter König Alboin in Italien ein.
Bis 650 konnten die Langobarden die
nach ihnen benannte Lombardei und
große Teile Süditaliens erobern.

Legion (Seite 42)
Größter Verband des römischen
Heeres. Sie hatte zur Zeit Caesars eine
Stärke von etwa 6000 Soldaten,
untergliedert in 10 Kohorten.

Lehen (Seite 113)
Geliehenes Land. Derjenige, der ein
Lehen erhielt, wurde Lehnsmann
genannt. Er schuldete dem Lehns-
herren, der ihm das Lehen überlassen
hat, Unterstützung, Treue und Rat.

Limes (Seite 35)
Befestigte Grenzlinie des Römischen
Reiches. Umfangreiche Grenzbefes-
tigungen entstanden besonders in
Britannien, an Rhein und Donau, in
Dakien und Nordafrika.

Märtyrer (Seite 44)
Märtyrer sind Menschen, die wegen
ihres Glaubens verfolgt werden. Trotz
der Verfolgung bekennen sie sich zu
ihrem Glauben und opfern ihr Leben
dafür.

Mekka (Seite 130)
Stadt in Saudi-Arabien, Geburtsstadt
von Mohammed und deshalb wich-
tigster Wallfahrtsort für Muslime.
Im Hof der großen Moschee steht die
Kaaba.

Novize (Seite 119)
Novize wird der genannt, der in ein
Kloster aufgenommen werden will.
Der zukünftige Mönch muss sich erst
in einer Probezeit bewähren.

**Öffentlicher Personennahverkehr
(ÖPNV)** (Seite 151)
Der Öffentliche Personennahverkehr
(ÖPNV) dient hauptsächlich dem
Berufsverkehr, aber auch dem Schüler-
und Einkaufsverkehr. Man versteht
darunter den Transport von Personen
mit öffentlichen Verkehrsmitteln
innerhalb von Städten und zwischen
Städten und ihrem Umland.

Ottonen (Seite 107)
Im Jahr 911 starb mit Ludwig dem
Kind der letzte → Karolinger im Ostfränkischen Reich. Die Stammesher-
zöge wählten daraufhin den Frankenherzog Konrad I. zum König, der die

Machtkämpfe im Innern und die Raubzüge der Wikinger und Ungarn jedoch nicht beenden konnte. Nach Konrads Tod 918 entschlossen sich die Fürsten zur Wahl eines tatkräftigen Herrschers, der den Einfällen der Wikinger, Ungarn und Slawen begegnen sollte.

So übernahm der Sachsenherzog Heinrich I. aus dem Geschlecht der Liudolfinger im Jahr 919 das Amt des Königs. Mit ihm beginnt die Reihe der Sachsenkönige, die man auch Ottonen nennt, weil auf Heinrich I. drei weitere Herrscher mit dem Namen Otto folgten.

Page (Seite 123)

Im Alter von 6 bis 14 Jahren diente der Page einer Burgherrin. Er lernte das gute Benehmen, das man später von ihm als Ritter erwartete.

Mit 14 Jahren wurde aus dem Pagen ein → Knappe.

Pendler (Seite 151)

Pendler sind Menschen, die regelmäßig ihren Wohnort verlassen, um in einem anderen Ort zu arbeiten, zur Schule zu gehen oder einzukaufen. Sie „pendeln" also zumeist täglich zwischen zwei Orten hin und her. Man unterscheidet Berufspendler (= Menschen, die zur Arbeit fahren), Ausbildungspendler (= Schülerinnen und Schüler, Studentinnen und Studenten), Einkaufspendler (= Menschen, die zum Einkaufen fahren).

Pfalz (Seite 104)

Königshof zur Zeit Karls des Großen. Der König hatte keinen festen Wohnsitz. Er regierte, indem er von Pfalz zu Pfalz reiste. Karls Lieblingspfalz war Aachen.

Prophet (Seite 130)

Ein Prophet fühlt sich von Gott berufen. Er verkündet, nach seinem Glauben, den Willen Gottes und sagt künftige Ereignisse voraus.

Provinz (Seite 32)

Bezeichnung für Herrschaftsgebiete, die → Römer außerhalb Italiens eroberten. Statthalter verwalteten die römischen Provinzen. Die Bewohner der Provinzen mussten Steuern an die römischen Herrscher zahlen.

Reichsinsignien (Seite 108)

Herrschaftszeichen der deutschen Könige und Kaiser bis zum Ende des alten Reichs im Jahr 1806. Dazu zählten die im 10. Jh. entstandene Reichskrone, die Heilige Lanze, das Reichsschwert, Reichsapfel und Reichszepter, das Reichskreuz mit einem Splitter vom Kreuz Christi, das Reichsevangeliar sowie der aus Sizilien stammende golddurchwirkte Krönungsmantel. Diese Gegenstände waren unerlässlich für die Rechtmäßigkeit der Herrschaft und wurden dem König nach Krönung und Salbung im Aachener Dom überreicht. Sie sollten die Einheit von christlicher und weltlicher Herrschaft symbolisieren, wie es z. B. der Reichsapfel zeigt: Als Weltkugel mit dem aufgesetzten Kreuz ist er ein Sinnbild christlicher Weltherrschaft.

Römer (Seite 32)

Als Römer bezeichnet man die Bevölkerung des Römischen Reiches, das sich über die Länder des gesamten Mittelmeerraumes erstreckte. Seit etwa 50 v. Chr. drangen die Römer bis an den Rhein und die Donau vor. Im Römischen Reich lebten unterschiedliche Völker zusammen. Trotzdem hatten die Römer eine einheitliche Sprache. Das war Latein. Die Römer leisteten auf vielen Gebieten Erstaunliches: Sie errichteten z. B. im gesamten Reich ein gut ausgebautes Straßennetz, bauten prächtige Städte und waren mit ihrer Berufsarmee lange Zeit unbesiegbar. Erst 1453 wurden die letzten Gebiete des Römischen Reiches von den Türken erobert. Römer gab es somit über 2000 Jahre lang.

Römische Bürger (Seite 38)

Römischer Bürger war man durch die Abstammung von römischen Eltern. Bürger galten als frei, waren durch Gesetze geschützt und besaßen politische Mitbestimmungsrechte. Im Römischen Reich war etwa die Hälfte der Bevölkerung römische Bürger. Die andere Hälfte bestand aus Freien ohne Bürgerrechte und aus den → Sklaven.

Senator (Seite 38)

Ein Senator war in römischer Zeit ein Mitglied des Senats. Dem Senat gehörten bis zu 900 Senatoren an. Die Senatoren waren angesehene, meist sehr reiche → Römer adliger Abstammung. Im Senat wurden wichtige Entscheidungen für das Römische Reich getroffen. Mit dem Beginn der Kaiserzeit verloren die Senatoren an Macht. Sie fiel dem Kaiser zu.

Sklave (Seite 38)

Ein Sklave war ein unfreier Mensch ohne eigene Rechte. Er wurde von seinem Herren als Besitz angesehen. Dieser konnte einen Sklaven nach Belieben bestrafen, auf dem Sklavenmarkt verkaufen, aber auch aus Dankbarkeit für besondere Dienste freilassen. Ohne Sklaven hätte das Römische Reich kaum bestehen können. Sklaven arbeiteten in der Landwirtschaft, im Handwerk, im Bergbau und im Haushalt. Bei den → Römern waren Lehrer, Erzieher und Ärzte häufig Sklaven.

Spital (Seite 119)

Einrichtung, die oft von Nonnen oder Mönchen geleitet wird. Dort finden Kranke und Bedürftige Hilfe. Viele Spitäler wurden von reichen Bürgern gestiftet. Die Spender erhoffen sich dadurch die Vergebung ihrer Sünden. Die Spitalordnung schreibt vor, dass für die Stifter zu bestimmten Zeiten gebetet werden muss.

Minilexikon

Stadt (Seite 42)
Als Stadt bezeichnet man eine geschlossene, größere Siedlung. In Städten finden wir viele Straßen, Plätze und unterschiedlichste Gebäude, die eng zusammen stehen. Eine Stadt ist meist Mittelpunkt eines größeren Gebietes. Dort treffen sich z. B. Händler, Handwerker, Künstler und Wissenschaftler aus verschiedenen Gegenden.

Stadtviertel (Seite 144)
Eine Stadt besteht aus vielen Vierteln oder Gebieten. Sie unterscheiden sich durch ihre Nutzung, das Aussehen der Gebäude, den Verlauf der Straßen. Man unterscheidet
→ Wohnviertel, Geschäftsviertel,
→ Erholungsgebiete, → Industrie- und Gewerbegebiete.

Therme (Seite 52)
Eine Therme war ein öffentliches, römisches Bad. Zu einer Therme gehörten z. B. mehrere Warm- und Kaltwasserbecken, die sich meist in prachtvollen Gebäuden befanden. Thermen waren beliebte Treffpunkte der Römer. In eine große Therme kamen an einem Tag bis zu 5000 Besucher.

Turnier (Seite 122)
Turniere waren Kampfspiele der Ritter. Dort übten sie für den Ernstfall.

Umland (Seite 151)
Das Umland ist das Gebiet um eine → Stadt. Von hier aus fahren viele Menschen jeden Morgen in die Stadt, um zu arbeiten, einzukaufen oder zur Schule zu gehen. Man spricht daher auch vom Einzugsgebiet einer Stadt. Je größer eine Stadt ist, umso größer ist auch das Umland.

Vasall (Seite 113)
(lat. vassus = Knecht)
Im Mittelalter eine andere Bezeichnung für den Lehnsmann (→ Lehns-

wesen). Der Freie begab sich in den Schutz eines mächtigen Herrn, erhielt von ihm ein Stück Land – ein Lehen – zum Unterhalt und verpflichtete sich dafür zu Rat und Hilfe. Man unterschied vom König unmittelbar belehnte Kronvasallen, die ihrerseits Lehen an Untervasallen (Aftervasallen) ausgaben. Die Vasallität begründete damit ein Treueverhältnis zwischen Herrn und Vasall, das beide verpflichtete.

villa rustica (Seite 43)
Römisches Landgut mit Herrenhaus und Nebengebäuden.

Völkerwanderung (Seite 46)
Dieser Begriff ist eine Sammelbezeichnung für die Wanderungen germanischer Stämme vom 3. bis zum 6. Jahrhundert n. Chr. Die Völkerwanderung wurde durch den Hunneneinfall ausgelöst. Sie führte zum Ende des Weströmischen Reiches und zur Gründung germanischer Reiche, wie z. B. des Frankenreiches.

Weltreich (Seite 32)
Ein Weltreich ist ein Staat, dessen Herrschaftsbereich sich sehr weit ausdehnt. Um 1900 umfasste z. B. der Herrschaftsbereich des Britischen Weltreiches etwa ein Fünftel der gesamten Landfläche der Erde.

Wikinger (Seite 109)
Bewohner Skandinaviens, auch als Normannen (Nordmannen) und in Osteuropa als Waräger bezeichnet. Übervölkerung und Abenteuerlust trieben beutegierige Scharen von Wikingern im 8. – 11. Jh. zu Plünderungs- und Eroberungszügen, auf denen sie die Küsten Europas heimsuchten. Auf schnellen hochseetüchtigen Kielbooten machten sie die Nord- und Ostsee unsicher, später auch den Atlantik und das Mittelmeer. Über die großen Flüsse stießen sie bald weit in das Land hinein und plün-

derten große Teile Englands, Frankreichs, Irlands und Norddeutschlands.

Windrose (Seite 157)
Auf der Windrose sind die Himmelsrichtungen (Haupt- und Nebenhimmelsrichtungen) eingetragen. Sie befindet sich auf dem → Kompass unter der Kompassnadel.

Wohngebiet (Seite 144)
Die Teile der → Stadt, in denen überwiegend Wohnhäuser stehen, heißen Wohngebiete oder Wohnviertel. In der → Altstadt liegen die älteren Wohnviertel. Mehr am Rande der Stadt liegen neuere Wohnviertel mit Ein- und Zweifamilienhäusern, Reihenhäusern, Wohnblocks und Hochhäusern.

Zunft (Seite 128)
In den mittelalterlichen → Städten schlossen sich die Handwerker des gleichen Berufes zu einer Zunft zusammen. Sie unterstützten sich gegenseitig im Alter und in Notzeiten. Die Zunft regelte auch Qualitätsmerkmale und Preise der hergestellten Waren. Ebenso bestimmte sie, wie viel ein Handwerksmeister herstellen durfte, die Höchstzahl der Gesellen und Lehrlinge, die er anstellen durfte, und den Umfang der Produktion. Jeder Verstoß gegen die Zunftordnung wurde bestraft.

2. Durchführung der Erkundung

Wichtige Tipps:
- Achte auf sorgsamen Umgang mit den Gegenständen, Denkmälern.
- Sei freundlich und höflich im Umgang mit Interviewpartnern.
- Frage immer vorher nach, ob Fotografieren oder Kassettenmitschnitt erlaubt sind.

3. Auswertung

- Ordne deine Ergebnisse nach Teilüberschriften.
- Fertige saubere Darstellungen.
- Achte darauf, dass deine Ergebnisse für andere etwas Neues enthalten.
- Schreibe genau auf, mit welchen Worten du den anderen dein Ergebnis vorstellen möchtest.
- Überlege dir, an welcher Stelle du ein Foto, ein Hörbeispiel, einen Filmausschnitt oder eine Zeichnung einsetzen willst.

4. Präsentation

- Stelle die Geräte bereit, die du brauchst, wie Kassettenrecorder, Pinnwand, Tafel, Video, Beamer.
- Sprich langsam und deutlich, schau die Zuhörer an, plane Sprechpausen für Zwischenfragen ein.

5. Nachbereitung

Frage dein Publikum, wie ihm dein Vortrag gefallen hat, was besonders gut gelungen ist und was du beim nächsten Mal verbessern kannst.

Quellenverzeichnis

Bildquellen:
Agence Photographique de la Réunion des Musées Nationaux, Paris: 104.1; akg-images, Berlin: 32.1 (Lessing), 39.4, 44.1, 105.3, 108.1 (Schütze/Rodemann), 109.3, 110.1, 110.2, 111.3, 112.1, 117.2 (Maler: Pieter Brueghel d.J.), 117.3, 118.1, 122.2, 123.5 (Lessing), 123.6, 124.3, 135.2; AMW Pressedienst, München: 4/5; Anthony Verlag, Starnberg: 69.3 (Fuchs-Hauffen); Archäologische Staatssammlung, Museum für Vor- und Frühgeschichte, München: 47.2 (M. Eberlein); Arena Verlag, Würzburg, aus: Mike Corbishley, Das Buch vom alten Rom, 1994: 42.1 (S. 64), 42.2 (S. 35); Artbox, Peter Lowin, Bremen: 53.2; Askani, Bernhard, Schwetzingen: 114.1; Auer, Hanne, Seligenstadt: 140; Baaske Cartoons, Müllheim: 100 li. (Erik Liebermann); Bavaria Film GmbH, Geiselgasteig: 66.1, 67.2, 67.3; Bayerisches Landesamt für Bodenkultur und Pflanzenbau/Hopfenforschung und -beratung, Wolnzach: 63.4; Bayerisches Nationalmuseum, München: 126.1; Bayerisches Staatsministerium für Ernährung, Landwirtschaft und Forsten, München: 62.1; Behnsen, Frank, München: 15.3, 18.3, 19.5, 20, 22.1, 24 li., 25.2, 38.1, 54.3, 59 o.li., 60 o., 89, 90/91, 93 o., 94 u., 95 o., 125.4, 132/133, 160; Bibliothèque National, Paris: 122.3, 138.3; Bildarchiv Preußischer Kulturbesitz, Berlin: 105.4, 116.1; Bilderberg, Hamburg: 72.4 (Schmitz), 78.1 (Wolfgang Kunz); British Library, London: 118.2; Brunner, Otto, Regensburg: 144.1, 145.4, 145.5; Bundeszentrale für gesundheitliche Aufklärung (Hrsg.): Achtsamkeit und Anerkennung. Köln 2002: 24.1; Comune di Roma: 52.1 (N. Neuhof, Braunschweig); Das Luftbild-Archiv, Kasseburg: 81.6, 144.2; Donau-Einkaufszentrum, Regensburg: 152.2; Dorling Kindersley Ltd., London: 120/121.1; dpa, Frankfurt/M.: 28.1 (Politikens); Eichborn AG, Frankfurt/M., 2002/Foto: picture-alliance/dpa, Frankfurt/M.: 7.6; Euringer, Anton, Erching: 75.2; Faber-Castell, Stein b. Nürnberg: 65.3; Falk-Verlag AG, Kartographie: GeoData: 156.1; FC Bayern München: 7.4; 1. FC Nürnberg: 7.4; Focus, Hamburg: 71.7; Gall, B., Klausdorf: 93.3;

Geiger-Verlag, Horb am Neckar, aus: Breitenbrunn - Bilder aus vergangen Tagen, S. 39 u.: 146.1; Globus-Press, Köln/BKK Bundesverband: 64.1; Griese, Dietmar, Hannover: 80.4; Huber, Bildagentur, Garmisch-Partenkirchen: Titel (Giovanni); i.m.a., Bonn: 62.2; IFA-Bilderteam, Ottobrunn: 59 o.re. (Held), 62.3 (Schösser), 93.2 (Chromosohm); Internet Magazin Verlag, München/Das Haus: 147.2 (R. Blunck), 147.3 (J. Willebrand); Irl, Georg, park & fly, Eitting: 75.4, 75.6, 76.2; Jahn Magazin, Regensburg: 7.4; Keimelmayr, Georg, A-Linz: 69.4; Kesper, Ingrid, Münster: 46 m., 129.3; Kochlowski GmbH, Köln (aus: Zeitlupe 33/96): 16.1; Kohn, Klaus, Braunschweig: 93.1; Krüger, Torsten, Bremen: 148.1; Kühlmann, Lutz, Bochum: 86.1, 155.5; Kunsthistorisches Museum, Wien: 109.4; Lacler, Rainer, Regensburg: 21.3, 22.2, 26.2, 27 re., 28.2; laif, Köln: 84/85 (Dombrowski/Ebert); Landratsamt Berchtesgadener Land, Nationalparkverwaltung, Berchtesgaden: 70.3; Landratsamt Erching: 75.3, 75.5; Limesmuseum, Aalen (Zinnfiguren-Diorama): 43.4; Luftbild Bertram, Haar: 77.5; Malteser-Hilfsdienst e.V., Köln: 100 re.; Mauritius, Mittenwald: 32.R li. (Messerschmidt), 32.P u. (Ball), 32.A (Doug Scott), 32.J (Vidler), 44.2 (Haag+Kropp), 58 u.li. (Krautwurst), 59 u. (Mollenhauer), 72.1 (Hubatka), 75.7 (Albinger), 139.4 (Doug Scott); Mizzi, A., Buxtehude: 43.3, 115.3; M-SAT, Saarbrücken/ESA 1998: 142/143; Müller, Katja, Braunschweig: 79 u.; Musée de l'Assistance Publique – Hòspitaux de Paris, Paris: 119.5; Museums-Pädagogisches Zentrum, Bei den Kelten in Bayern, München 1991: 48.2 (S. 8), 48.3 (S. 9); Nebel, Jürgen, Muggensturm: 158.1, 159.2; Nummer gegen Kummer e.V., Berlin: 21.2; Okapia-Bildarchiv, Frankfurt/M.: 73.5 (Dragesco); Österreichische Nationalbibliothek, Wien: 115.4; picture-alliance/dpa, Frankfurt/M.: 12.1 (Schwichow); PMS Musikverlag, Berlin: 18.1; Prähistorische Staatssammlungen, München: 40.2; Reichert Verlag, Wiesbaden: 118.4; Réunion des Musées Nationaux, Paris: 48.4; Römisch-Germanische Kommission, Frankfurt/M.:

40.1 (J. Bahlo), 48.1 (R. Lieser); Römisch-Germanisches Zentralmuseum, Mainz: 34 u. (Conolly); Rüttger, Edgar, Langlingen: 6.2, 7.5, 8/9, 10.1, 11.3, 13 m./u., 23.3, 25 u., 87 m., 88, 92, 95 u., 96 u., 97, 98, 99, 136/137; Sauerländer Verlag, Aarau, Frankfurt/M., Salzburg, aus: Jörg Müller, Auf der Gasse und hinter dem Ofen. Eine Stadt im Spätmittelalter, 1995: 102/103, 127.2, 127.4; SCALA, I-Florenz: 39.2 (1990 Courtesy of the Ministero Beni e Att. Culturali), 135.3 (2003 British Library, London); Schönauer-Kornek, Sabine, Wolfenbüttel: 34.1, 53.3, 156 li., 158 o.; Seifert, Michael, Hannover: 14.1; Siemens Medizinische Technik, Erlangen: 65.2; Silvestris-online, Kastl: 50.4 (Stadler), 58 o.re. (Heine), 58 u.re. (Stadler); SKF, Schweinfurt: 64 Kugellager; Spielvereinigung Greuther Fürth: 7.4; Spielvereinigung Unterhaching e.V.: 7.4; Stadt Regensburg, Fremdenverkehrsamt: 30/31 (Historisches Museum/Foto: Meier), 49.5 (Ferstl); Steffens, Bildarchiv, Mainz/Bridgeman Art Library: 138.1; Stuttgarter Luftbild Elsässer, Ennepetal: 56/57; Sven Simon, Fotoagentur, Essen: 7.3; Thaler, Ulrich, Leipzig: 68.1; The Bridgeman Art Library, London: 115.2, 123.7; The British Library: 139.5; TSV München von 1860: 7.4; Universitätsbibliothek Heidelberg: 113.7; Visum Foto GmbH, Hamburg: 21.1 (Nobel), 59 m. (Ludwig); Weigert, Christoph, Beratzhausen: 54.2, 154.2; Westermann Archiv, Braunschweig: 122.1 (Buresch), 123.4 li., 123.4 re., 128.1, 128.2; Zängle, W., München: 71.5; zefa visual media, Hamburg: 32.P o. (A. McKim), 32.R re.o. (Streichan), 58 o.li. (Adam), 73.6 (Voigt).

Hinweis:

Dieses Buch entstand mit Unterstützung der Autoren Peter Gaffga, Peter Kirch, Klaus Langer, Martin Lücke, Walter Weidner, Roland Widmann.